晚清民國時期中國名勝古蹟圖集

龔鵬程敬題

晚清民国时期中国名胜古迹图集

CHINESE HISTORICAL SITES OF THE LATE QING DYNASTY AND THE REPUBLIC OF CHINA

第陆卷

全本精装版

VOLUME 6

TIANTAI MOUNTAIN OF ZHEJIANG PROVINCE

FUZHOU CITY OF FUJIAN PROVINCE

XUEFENG (SNOW PEAK) MOUNTAIN OF FUJIAN PROVINCE

GUSHAN MOUTAIN OF FUJIAN PROVINCE

HUANGBO MOUNTAIN OF FUJIAN PROVINCE

XIAMEN CITY OF FUJIAN PROVINCE

浙江天台山 □

福建福州 □

福建雪峰　福建鼓山 □

福建黄檗山　福建厦门

[日] 常盘大定　关野贞 著

洪晨晖 译

中国画报出版社

CHINA PICTORIAL PRESS

图书在版编目（CIP）数据

晚清民国时期中国名胜古迹图集：全本精装版. 第六卷 /（日）常盘大定,（日）关野贞著；洪晨晖译. -- 北京：中国画报出版社, 2019.6（2024.7重印）
ISBN 978-7-5146-1726-9

Ⅰ. ①晚… Ⅱ. ①常… ②关… ③洪… Ⅲ. ①名胜古迹－中国－近现代－图集 Ⅳ. ①K928.70-64

中国版本图书馆CIP数据核字(2019)第049248号

晚清民国时期中国名胜古迹图集（全本精装版） 第六卷

[日] 常盘大定 关野贞 著 洪晨晖 译

"十三五"国家重点图书出版规划
国家出版基金资助项目

策　　划：于九涛
项目主持：于九涛 齐丽华
本卷主编：张明杰
校　　译：崔学森
责任编辑：代莹莹
封面设计：郑建军
责任印制：焦 洋

出版发行：中国画报出版社
地　　址：中国北京市海淀区车公庄西路33号 邮编：100048
发 行 部：010-88417418 010-68414683（传真）
总编室兼传真：010-88417359 版权部：010-88417359

开　　本：16开（889mm×1194mm）
印　　张：18.5
字　　数：100千字
版　　次：2019年6月第1版 2024年7月第3次印刷
印　　刷：三河市金兆印刷装订有限公司
书　　号：ISBN 978-7-5146-1726-9
定　　价：1980.00元（全十二卷）

作 者

常盘大定 (1870—1945)

日本宫城县人，研究中国佛教之学者。历任日本真宗中学、天台宗大学、日莲宗大学、真宗大学、丰山大学、东京大学等校教师。1920年以后五次来华，研究敦煌、云冈、龙门诸石窟及房山石经等佛教史迹。主要著作有《印度文明史》、《释迦牟尼传》、《中国佛教史迹》、《中国佛教史迹英文评解》五册（与关野贞合著）、《中国文化史迹》十二册（与关野贞合著）等。

关 野 贞 (1868—1935)

日本近代著名建筑史研究家，生前为东京大学工学部建筑学科教授。不仅在日本建筑史方面造诣很深，而且在中国、朝鲜等国的建筑与美术史研究界也享有盛名。曾多次到中国、朝鲜及印度等国实地考察，撰写了一批影响深远的考察报告和学术论著。主要著作有《日本的建筑与艺术》、《朝鲜的建筑与艺术》、《中国的建筑与艺术》、《中国文化史迹》十二册（与常盘大定合著）等。

译 者

洪晨晖

女，1964年8月出生，福建南安人。1992年3月获得北京外国语大学文学硕士学位。现任福建师范大学外国语学院日语系副主任，副教授。研究方向为日本社会语言学、日本文化。先后发表有关论文十几篇，出版作品有《中国三弦及其音乐》《琉球御座乐与中国音乐》《如何正确批评孩子》《天天学日语句型》等。

目录

CONTENTS

福建福州 九五

Fuzhou City of Fujian Province

浙江天台山

TIANTAI MOUNTAIN OF ZHEJIANG PROVINCE

概说

天台山位于浙江省天台县，为桐柏、赤城、瀑布、佛陇、华顶、香炉、东苍等诸山之总称。（图1）山高一万八千丈，方圆八百里。《大唐西域记》早已有震旦天台之记载，清凉澄观大师曾将《华严经》之《菩萨住处品》中的东南支提山比作赤城山。支提即塔之别称，因赤城山体呈塔形，且山顶有宝塔而得此名。

天台山有道观，今为佛教徒占用，而其闻名遐迩则与道教有关。据说周灵王太子王子晋作为右弼真人曾居住在桐柏山，故有“仙乡”与“名山”之名，该地道教信仰深厚。孙吴葛玄、西晋许迈皆曾居住于赤城山。刘宋顾欢在天台山开馆，作为授徒之道场。至唐，因叶法善、吴筠、杜光庭、司马承祯等著名道士到此而逐渐闻名，获得重要地位。尤其在司马承祯以天台道士之名居桐柏观时，系天台山与道教关系最为密切之时期。及至五代吕洞宾，宋朝张白端、白玉蟾，咸与天台山有关。

如此一来，天台山系仙居之地的民间信仰夙已存在，而其名大噪于学者阶层却源于南陈时代天台大师智顗在此修禅圆寂。若此，则可以说天台山由道教徒开创，因佛教徒而闻名。

天台山与佛教之关系始于晋朝昙猷。昙猷自北方而来，经石桥入赤城山修道，名扬四方。王羲之远道而来，对其以礼相待。其后到赤城者还有支昙兰。自此天台山之名声日渐为人关注。孙绰著《天台山赋》，使憧憬此仙乡者日益增多。刘宋僧从隐居瀑布山，与隐士褚伯玉结林下之交；南齐慧明入赤城石室，见昙猷大师圆寂后肉身依旧，遂塑佛像一尊；萧梁定光于大同

之初隐居佛陇山三十载，预言将有“善知识来”，两年之后果有智顗大师入山。智顗在佛陇修禅时，梦中得定光忠告，后建一寺。陈太建九年（577），智顗辞金陵讲筵，俄入天台山，天台山于学界之地位由此日益提高。开皇十八年（598），智顗圆寂后，晋王杨广即以施主名义，建天台寺，即此后之国清寺。赤城山有结集岩，因国清寺章安大师之缘故；有释笺岩，源于荆溪大师居于岩中。

相传，唐代时丰干禅师及寒山、拾得三人同居国清寺。又传僧一行传《大衍历》于此；唯则居瀑布之西岩，开创佛窟宗；禅宗沩山与黄檗亦到此；天台宗义寂置身螺溪，谛观自高丽而来；五代延寿习修禅定于天柱峰下。至宋，延寿法嗣德韶因与天台大师有同姓之缘而以此山为栖息之地，并久居此地，使天台佛法达至鼎盛。

天台山与日本佛教关系之密切，居中国诸山之首。唐时，传教大师至此，智证大师与圆载大师亦至此。宋时，重源、荣西、成寻、俊芿皆到此。故天台山鼎盛时，寺院满山，为数众多。明朝传灯大师撰《天台山志》，第四卷记载：“古称七十二寺，今考县志所书，惟六十二。”明代犹有六十二座，而现今残存者不过其半数。传灯大师对天台山之日趋衰颓慨叹曰：“台山之田下田也。台山之寺穷寺也。台山之僧苦僧也。”

传灯大师时代既已如此，如今之颓势可想而知。（常盘大定 文）

关于天台山之现状，关野贞于1921年9月、常盘大定于1922年10月均有记述。

图1・天台山・远景（自放生潭远眺）

国清寺

国清寺位于佛陇峰南麓，寺后有兜率台。寺之左右有五峰环拥，双涧环流左右，合于寺前。老柏古松、怪樟苍郁，白昼犹暗，深邃通幽。

国清寺自古被誉为天下“四绝”之一。五峰指：正北八柱、东北灵禽、东南祥云、西南灵芝、西北映霞。双涧中之大溪涧自东北流向西南，小溪涧从正北流向东南，在寺前汇合为大涧。汇合之处有座丰干桥。丰干系宋代国清寺的禅僧，与寒山、拾得有尘外之交。（图 8-2）

国清寺始建于隋开皇十八年（598）。天台大师智顗始初根据定光禅师的指示，相中陇峰南麓下的一块地。大师圆寂后，晋王杨广为先师创建塔寺，因

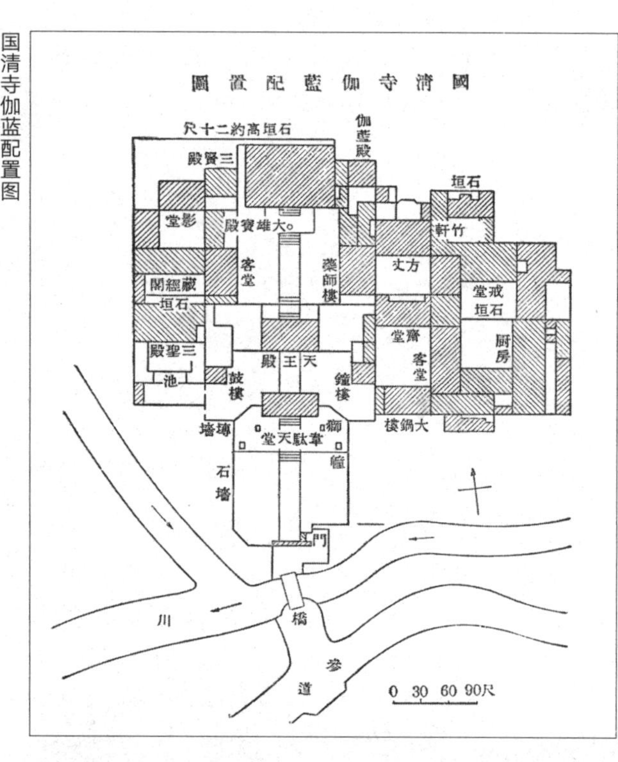

国清寺伽蓝配置图

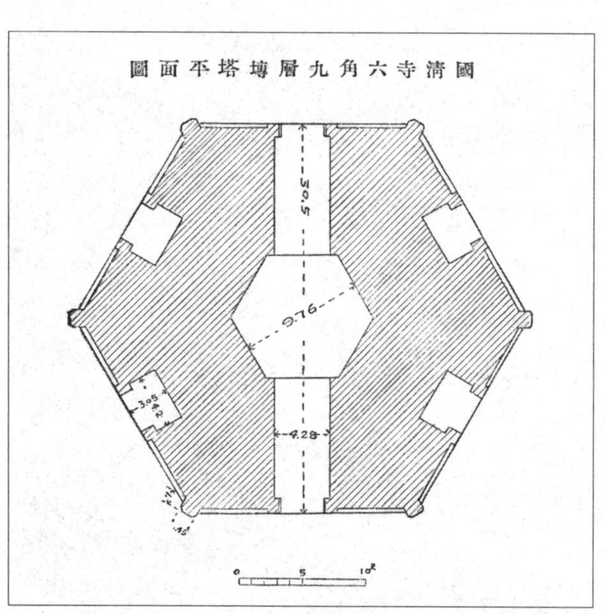

国清寺六角九层砖塔平面图

山为称，是曰天台。晋王登基后，于大业元年（605）敕江阳名僧云:今须立名，可各述所怀。诸僧表奏两名，一曰禅门，一曰净居。其表未奏，而僧使智璪启国清之瑞，遂开始称之国清。所谓国清之瑞是指智顗初入此山时，定光禅师曾梦告:“寺若成，国即清。”

及至唐朝会昌灭佛之际，国清寺遭遇战火而废。大中五年（851）重建，宋代景德二年（1005）改名为景德国清寺，后又毁于战火。建炎二年（1128）重建，建炎四年（1130），下诏易教为禅。至元代，发生禅教之争，后由浙僧观无我定为“禅”。现今的建筑是清朝雍正年间（1723—1735）重新修复的。（常盘大定 文）

图 8-2・天台山・国清寺・丰干桥

图2・天台山・国清寺・大砖塔及七佛塔

图 3 · 天台山 · 国清寺 · 大砖塔

九层砖塔发现的七尊菩萨

国清寺前有九层砖塔，高约二十三丈。相传系隋炀帝命司马王弘为智顗所建。如今外围的木构部分和相轮已缺失。

塔为平面六角，前后径为三十尺五寸。中心有前后径为九尺七寸六分的六角室。前面设有宽四尺二寸八分、长十尺三寸五分的通道。其他几面在立柱之间的墙面设有宽四尺二寸、深三尺五分的佛龛。塔身以砖筑造，各层之间减缩度稍小，因此更显高耸挺立。塔身的隅角为柱型，斗拱为木构三跳拱，如今壁面上留有镶嵌着斗木、肘木等的痕迹。飞檐亦为木造，全部被毁，仅存砖砌的壁体。各层间栏杆亦失，但从保留在壁间的痕迹可知，曾有支撑栏杆的三跳斗拱。第二层以上各面均开有窗户。相轮已完全不存在了。使用的砖上往往有以下铭文：

成陈甲　叶阳甲　丁僧甲　钱珀甲　庄造甲

总之，这座塔因其平面六角而显得珍稀，特别是塔身高大壮观，如果当初木造的斗拱、屋顶、勾栏还存在的话，其气势该是多么雄伟壮观啊！根据寺史记录，可知该塔是隋朝时建造的，但从其形制来看，应该属于宋朝重建。（图 2、图 3）（关野贞 文）

国清寺的大砖塔相传系隋代建造，但著者等都推测眼前的遗迹属宋代重建。民国二十四年（1935）正月，塔中发现七尊石刻菩萨像，陈钟祺（天台人、号一阳）为之所作的跋和正文中曾提及此事。（图 7-2）据说因九级塔顶层泥砖腐烂，寺僧雇工修理时，工人顺梯爬至第二级，无意间发现这些佛像，将其带回。佛像共计七尊，分别是导师菩萨、弥勒菩萨、药王菩萨、文殊菩萨、普贤菩萨、观世音菩萨、大势至菩萨。陈氏看到寺僧一中所拓菩萨像后赞曰：“刀法匀净，神气盎然，堪称杰作。”对此我们可以认可，但以建造年代而言，说是隋开皇十七年（597），隋炀帝为晋王时根据智者大师的遗愿特遣司马弘督工兴建国清寺，并在寺前建造一座九级浮图，每级皆雕有佛像以示镇护，则是因为他们对隋朝的初建塔和现在的重建塔未作区分所致。著者等人曾经推定今塔系宋代重建，而从第二级发现七尊菩萨像一事来看，可以确信该推定并无不当。七尊菩萨像石刻雕法纯熟、精细，从其手法来看，应该是宋代的作品，而不是唐代甚至更早的隋代的作品。这些菩萨像周围的饰物五钴金刚杵是最能体现时代色彩的东西。

该七尊菩萨系由列于《法华经》会座上之十八菩萨中的六尊菩萨加上《观普贤菩萨行法经》中的普贤菩萨组成。

图 7-2·天台山·国清寺砖塔·石刻七菩萨·陈钟祺氏跋并书碑·拓本

导师菩萨

负二重头光，腰部以下缠天衣，璎珞下垂，缀以宝玉、花聚。前垂连环束带，头戴珠宝发饰。右手执一带荷叶莲蓬之杖，左手执一小莲座，双脚踏于云上莲花宝座，头光有华盖。四面皆以相连之五钴杵为装饰边缘。云下方为宝坛。菩萨双脚呈前行状。右脚下莲座倾斜，天衣裙裾飘动，显示欲抬右脚之状。从导师之名称看，该菩萨系引导死去的人走向西方极乐世界之人。左手提着的小莲座是让死去的人坐的，右手所执杖端之上的莲盖是为了遮盖死人的。菩萨的左上方用隶书刻着导师菩萨的字样。（图4-1）

图4-1 · 天台山 · 国清寺砖塔 · 石刻七菩萨 · 导师菩萨 · 拓本

弥勒菩萨

负二重头光，腰部以下缠天衣，璎珞下垂，缀以宝玉、花聚。前垂连环束带，头戴珠宝发饰。双手合十，双脚踏于云上之莲花宝座、头光有华盖。双脚静立于莲花宝座上，呈不动的姿势。四面是五钴杵的饰物，下部的宝台与导师菩萨相同。菩萨的右上方用隶书刻着弥勒菩萨的字样。与导师菩萨的天衣裙裾舞动的样子相反，此尊弥勒菩萨的天衣安静庄重，有许多饰物。（图 4-2）

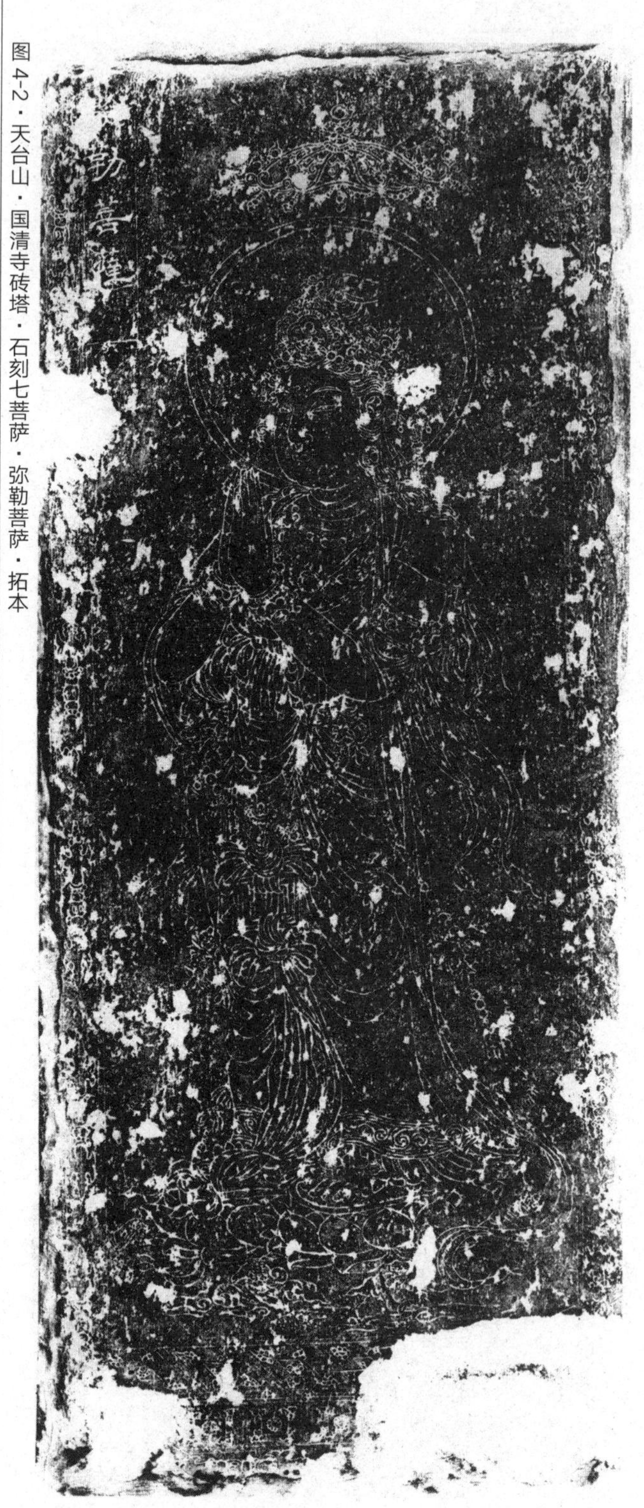

图 4-2·天台山·国清寺砖塔·石刻七菩萨·弥勒菩萨·拓本

药王菩萨

其图样和导师菩萨完全相同，甚至连抬起右脚向前的样子都一样。菩萨的左上方用隶书刻着药王菩萨的字样。只不过华盖的形状和手持之物不同而已。此药王菩萨右手空无一物，左手执宝轮。（图 5-1）

图 5-1・天台山・国清寺砖塔・石刻七菩萨・药王菩萨・拓本

文殊菩萨

其图样也和导师菩萨相同。亦是向前跨步的样子，但是抬左脚。只是华盖的形状和手持之物有所不同。文殊的右手持金印。由于菩萨的右方上部残缺，所以不知其名。我认为陈钟祺称其为文殊菩萨，应该也是有所根据。现今还是沿用他的称法。（图5-2）

图5-2·天台山·国清寺砖塔·石刻七菩萨·文殊菩萨·拓本

普贤菩萨

上下两角均缺，菩萨的身体大部分都能看清，从菩萨左上方隶书刻着的菩萨名可以得知。图样和弥勒菩萨相同。不动的姿势也相同，垂带亦相同。只是手相不同而已。弥勒菩萨是合掌，普贤菩萨则右手垂至腰部，左手举到肩部。未持一物。（图 6-1）

图 6-1・天台山・国清寺砖塔・石刻七菩萨・普贤菩萨・拓本

观世音菩萨

亦和导师菩萨相同姿势，与导师菩萨抬右脚相反，抬左脚。不同的是华盖的形状和双手所持之物。观世音菩萨右手持宝瓶，左手执杨柳。菩萨的右上方用隶书题写观世音菩萨。（图 6-2）

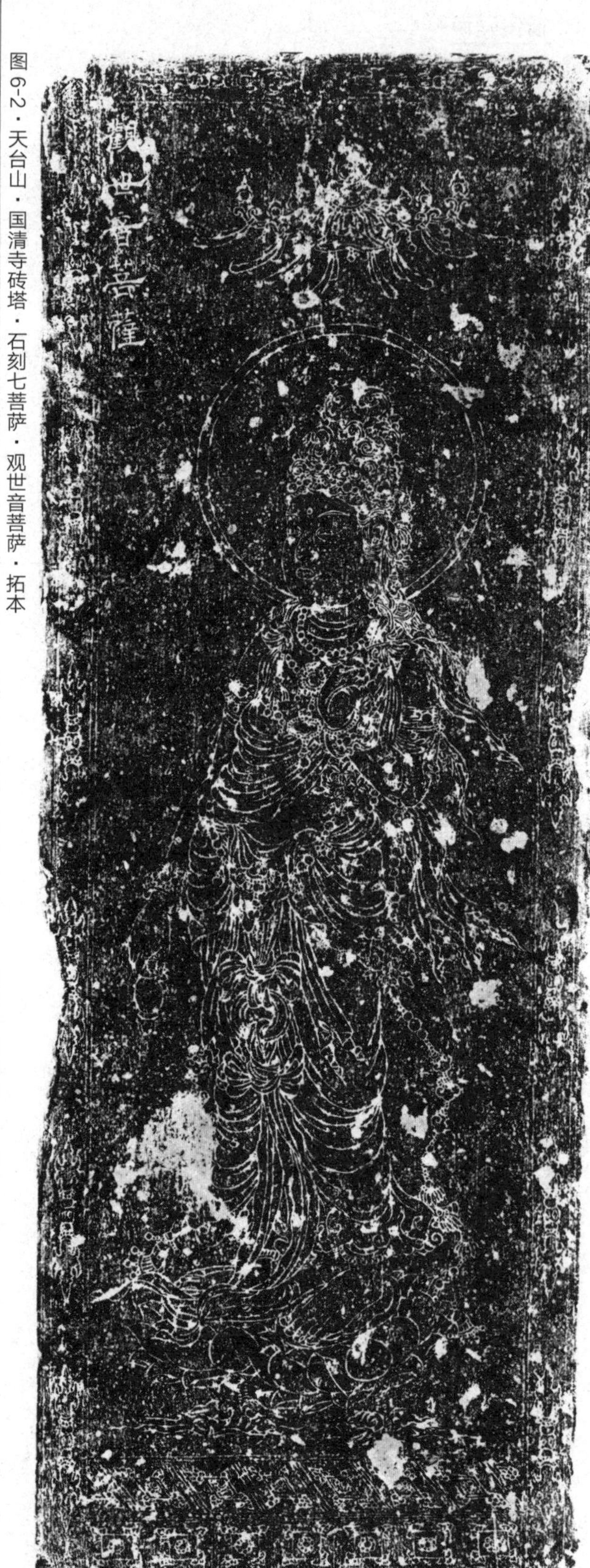

图 6-2·天台山·国清寺砖塔·石刻七菩萨·观世音菩萨·拓本

大势至菩萨

和观世音菩萨姿势相同，与观世音菩萨抬左脚不同的是，此尊菩萨抬右脚。华盖处均相同，只是两手持莲花这点不同。菩萨的左上方刻着大势至菩萨字样。之所以文字在左方是为了和观世音菩萨像对应。（图 7-1）

正如图样上看到的那样，观世音菩萨和大势至菩萨显然是相对应的。观看其他五尊菩萨，弥勒和普贤的图样相同，文殊和导师以及药王的图样相同。这七尊菩萨是从第二级发现的，这样的菩萨刻像在其他级是否也存在，尚未调查。陈钟祺说每一级都有佛像，这可能是他的推测。相对于塔的八角而言，七尊菩萨似乎无法对应，或许还有一尊。如果还有一尊，有可能是药上菩萨。如果加上药上菩萨，那么就可以推断观世音和大势至、文殊和普贤、弥勒和导师、药王和药上相对称。（常盘大定 文）

图 7-1 · 天台山 · 国清寺砖塔 · 石刻七菩萨 · 大势至菩萨 · 拓本

国清寺其他主要建筑

在溪涧旁，有七座石造宝塔并排而立，据说是为供奉“过去七佛”而建。宝塔均为二重基坛，塔身为圆型。上面有倾斜度高的顶盖，顶上有相轮。其年代不明，但应该不会早于明朝以前。（图2、图8-1）

接下来穿过架于双涧合流处的丰干桥，正面有一块照壁。正面描龙，背面画鼍。进入其东侧小门，沿着一条宽阔的参道前行，可以看到金刚殿，即前门。大殿前左右两侧有幢幡及一对石狮。

金刚殿面阔五间，进深三间，四壁以砖筑造，正面开拱门，外轮半圆，内轮呈花头状，左右开圆窗，圆窗内透雕左右相向之两龙。殿后中央亦开一门。斗拱为三跳拱，中间四具，次间三具，即所谓的“柱间斗拱”。

拱门上方挂匾额，刻有“国清寺”三字。旁边写着“奉勅重建雍正十二年（1734）岁次甲寅九月谷旦”。即此门是在那时重建的，其他的主要建筑大概也是那时建成的。

内部中央前面有布袋，后面安有韦驮天的像，左右侧壁有仁王像。屋顶为歇山顶，铺瓦，内外都施以彩饰。（图9-1）

往北有雨花殿，也是面阔五间，进深三间。单层门，屋顶为歇山顶。无斗拱，只是在大斗上承托虹梁构架。前、后、中间都开有门，其他四面均以砖砌成。内部两侧各有二尊四大天王像，前围金刚栅。藻井为装饰阁楼。正面入口的上方悬挂写有“雨花殿”“雍正甲寅九月”字样的匾额。“雍正甲寅九月”即重建的时间。

大雄宝殿位于雨花殿后侧，亦为雍正年间（1736—1795）重建。前面有月台，大殿立于石坛上，系复层佛殿，第一层面阔七间，进深五间；第二层面阔五间，进深四间。第二层中央悬挂“大雄宝殿”匾额。正面中间的三间为门，左右的次间开有窗。后面中间亦为门，左右及后壁以砖筑造。

斗拱初层为一斗三升斗拱，第二层为五重翘斗拱。屋檐为二重椽子，檐椽为圆，飞檐为方。唯屋檐角呈扇状分布。门扇及窗均为镂空雕花。与北派建筑相同。（图10）

内部中央有石造的佛坛，刻着奇怪的禽兽浮雕。坛上、中央有主佛释迦牟尼坐像，东面有药师坐像，西面有弥勒坐像，都位于高高的台座上。主佛的两旁有两尊罗汉像，前面有桌子，五只脚。（图11）沿着左右壁及后壁折过，有一坛，左右两侧各安放着十天之像，合计为二十天之像，后方有十六罗汉。另外，在主佛的后壁背面，有观自在菩萨像。藻井内阵最高，中阵次之，都是格藻井，近似北派建筑，不像南方佛殿大多是装饰阁楼。

装饰方面，除了在斗拱以及内部藻井的虹梁贯等处施有简单的色彩外，内外皆涂红中带黄之油漆。这种简单的彩饰大概是南方建筑的特色。

天王殿前庭，东西有钟楼和鼓楼相呼应。均为复层，第一层是以砖包柱，开拱门。上层为木造，四方开花头窗。其屋顶为歇山顶，铺瓦，形态奇特，富有轻快的味道。（图9-2）

大雄宝殿前，东边有药师楼，西边有客堂。除此以外，在东边的大锅楼内还有一口大铁锅，故名作大锅楼；另外，有客堂、斋堂、方丈、借竹轩、伽蓝殿、戒堂、修竹轩、厨房、牛舍以及厕所。西边有三圣殿（安放弥陀三尊）、藏经阁、影堂、三贤殿（祭祀丰干、寒山、拾得）。大雄宝殿背后有皇亭。前后左右如此相连，处处设庭院。实在是威风凛凛的名刹巨林，在此难以一一细说。可从伽蓝配置图中知其大概。（关野贞 文）

国清寺藏有吴越国王钱弘俶造的铁塔，高六寸，是在寺院里发掘的，底边内面有如下铭文：

吴越国王。钱弘俶敬造。八万四千宝。塔乙力言记。

这种塔有数座传到我国，被作为国宝珍藏。关于这一点，在第四辑阿育王寺里有阐述。（常盘大定 文）

图 8-1 · 天台山 · 国清寺 · 七佛塔之一

图 9-1・天台山・国清寺・金刚殿

图 9-2 · 天台山 · 国清寺 · 钟楼

图 10・天台山・国清寺・大雄宝殿

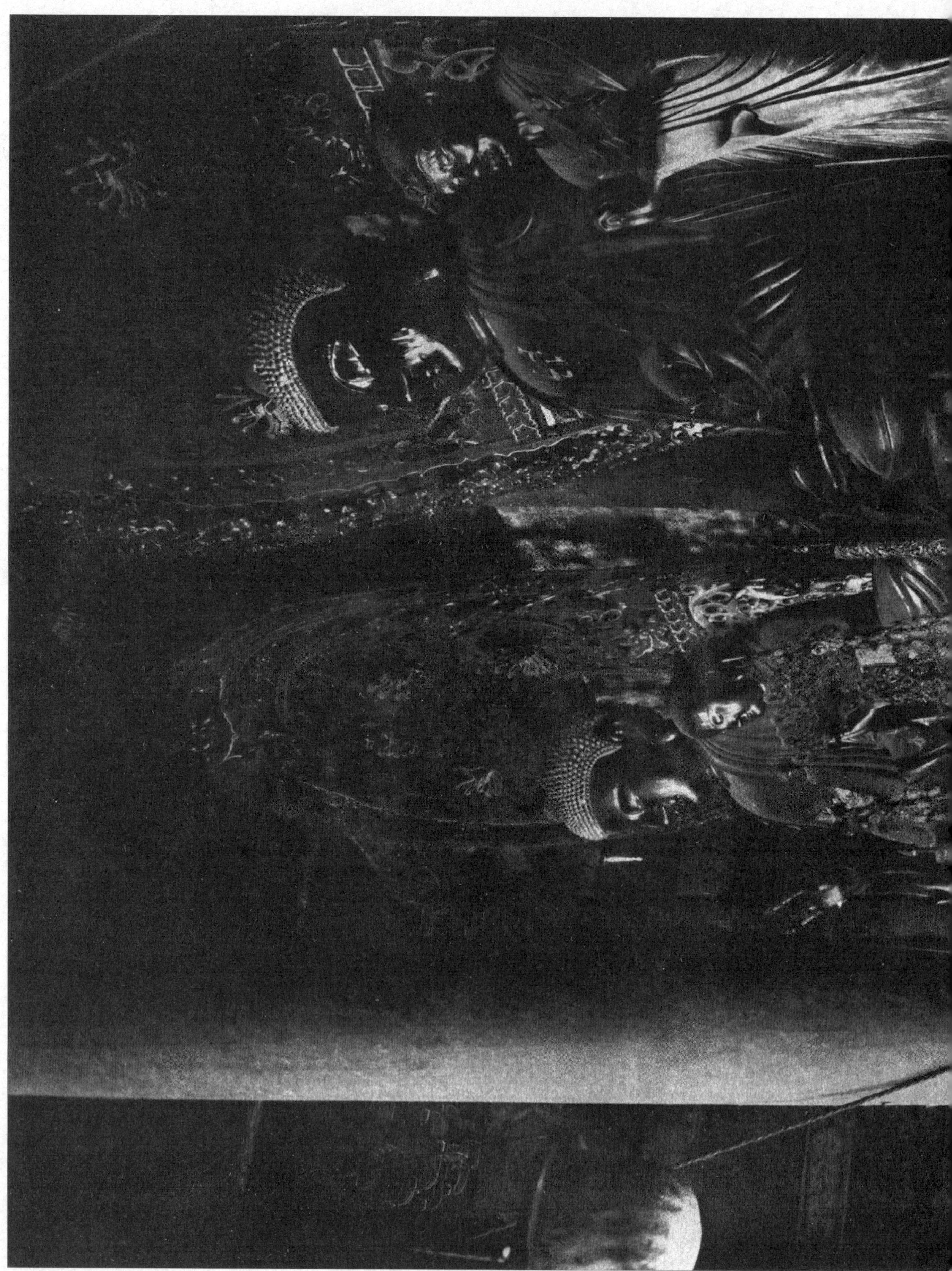

图 11・天台山・国清寺・大雄宝殿・三尊佛

智者禅师

寺里原有天台国清寺智者禅师之碑。碑文系隋朝秘书监柳顾言奉旨撰写。其中记录了智者大师和大苏山慧思禅师的关系、周武灭法后入寺庙修行的经过、和定光禅师的关系以及在石城寺的圆寂。还详细记载了国清寺名称的起因。柳顾言乃晋王杨广（后来的隋炀帝）的宠臣，经常往返于大王和大师之间，深知大师的为人，大师圆寂后，隋炀帝下旨“朕欲为智者制碑，非卿文不得朕心”。此事在《佛祖统记》第六《智者传》中有记载。由此可见此碑文的价值。可惜此碑已毁，但所幸碑文保存在隋沙门灌顶纂写的《国清百录》第四中。虽然该碑文对于国清寺的缘起有较详细的记载，而对智者生平的记述偏少。尽管不无遗憾，但我们最该留意的是该碑文成于大师圆寂之后不久。其大致内容如下。

会稽天台山大禅师法讳智顗，生于荆州华容，少时诵《法华经》，弱冠即出家于长沙果愿寺。由于湘潭的地域狭小，未发现大的机会，故前往大苏山请业于慧思禅师。慧思其后叹曰：“忆昔灵鹫，同听法华，令进我普贤道场。”（按惯例，说是慧思为智顗显示普贤道场，但据柳顾言所言：智顗在灵鹫，使慧思进普贤道场）。为说《四安乐行》，停二七日（译者注：即14日）诵《药王品》。至诸佛同赞之句，寂然入定，明慧便发，起而白师。师曰：“非尔弗感非我莫识。所入定者法华三昧之前方便，及闻持陀罗尼也。纵令文字之师千群亿品，寻汝慧辩所不能穷。于说法人中最为第一。”尝约仁王“璎珞”，龙树马鸣立三观四教，述师本宗，以为大乘枢键。鉴周武之灭大法，乃高蹈豫土，翔集天台，历游名山，言造庐岳。秦孝王（晋王的弟弟杨俊）坐镇淮海，遣信迎屈。虽欲相见，终恐缘差。晋王杨广代替孝王，竭诚延请。再三固辞无可与让，后与之立约。开皇十一年（591）于扬州大听寺夤受菩萨戒法。智顗授晋王总持的法讳，晋王认为必有嘉名，检《地持经》，得智者师目，并奉智者为师。

关于国清寺和定光禅师，《国清百录》卷四有如下记载：

基本属始丰，峰名佛陇。原有定光禅师，先居此峰。常谓弟子云：“不久当有胜善知识。将领徒众俱集此山。”俄而智者越江渡湖，翻然来山。忽闻钟磬，声振山谷，即问定光师，声之所以。定光曰：“汝与此山有故交，汝当居此处，汝当终此焉。”拜言悲喜，滂沱涕泗，仍于佛陇之南，寻行寺域。便见五峰围绕，等耆阇之山，两溪夹泻，若缙云之涧。定光师圆寂后，欲大修立。忽睹一僧如定光师，素语智者云：“若欲造寺，今未是时。三国成一之时，有大势力人能为起寺。寺若成，国即清，当呼为国清寺。”晋王旋迈江都，迎接智者。智者想往而不返，因此长别语弟子云：“当成就陇南下寺，其堂殿基址一依我图。”侍者答云：“若无师在，岂能成办？”重谓之曰：“当有皇太子，为我建造。汝等见之，吾不见也。”行百余里，到剡东之石城寺。寺有百尺金缋石像，梁太宰南平元襄王镌创。于此现疾右胁而卧，感到天乐，看到观音来迎。春秋六十，端坐迁神。舆还佛陇，驿使讣，震动于宸心。创起塔庙，琼宇绀堂，成之不日。大业元年（605）隋炀帝集扬州名僧，问之曰：“智者立寺，权因山名，宜各述所怀，朕当详择。”会寺僧智璪衔状而来，具条昔年定光师国清之称。太史案此语，时代乃周建德之初八，三方鼎峙之时。县符明时征应，将国清之号篆题寺门。十一月二十四日，智者忌斋，使乎集僧，忽然盈一人，执事惊愕，出没难辩。岂非先师化身，来受国供？

《佛祖统记》第六《智者传》是集《国清百录》《大师别传》《高僧传》《三部疏记》《南北史》《玉泉碑》《国清碑》以及《关王祠堂记》等而成的。智者在中国佛教史上几乎就是独一无二的拥有伟大人格的大师，《佛祖统记》补充了国清碑文中的不足之处。

大师眉分八采，目耀重瞳，甫离襁褓，卧即合掌，坐必向西，年至十七，即欲出家。二亲爱之不获见许。

遂发愿刻檀写像，学得三世佛法，对千部论师，说之无碍，故发愿欲报四事恩惠。父母双亡后，大师于十八岁出家，二十岁跟随慧旷学《律》，兼通《方等》。然苦于湘东无可问者，二十三岁时，往光州大苏山，初获顶拜，学习《四安乐行》。刻苦研心，经二七日即讲经。身心豁然，寂而入定，因静发持。因《法华》而开悟，若高晖之临幽谷。大师将所证悟者，禀告南岳大师，经南岳延席开讲，以自悟与师授，四夜作功，业逾百年。后南岳刻《金字般若经》，命智者代讲。大师纵无碍辩，唯三三昧及三观智，用以咨审，余悉自裁。南岳手持如意，临席赞之曰："可谓法付法臣，法王无事。"对曰："吾久羡南岳，恨法无所委，今因汝初得其门。"言后即去。智者未得获从，于陈光大元年（567），与法喜等二十七人初至金陵，居瓦官寺，以《法华经》为题开讲。时年金陵巨匠如白马寺敬韶、定林寺法岁、禅众寺智令、奉诚寺法安等咸尽北面之礼。居在瓦官寺八年后，谢遣门人曰："吾初年共坐者，四十人皆得法；次年百余人，得法者不足十人；其后徒众转多，得法转少。吾闻天台幽胜，昔人见称，将息缘兹岭以展平生之志。"时太建七年（575）。宣帝敕留训物，徐陵泣劝勿往，师勉留度夏，秋遂入天台。时年三十八岁。尝宿石桥，后安居佛陇。神僧定光谈起早年招手相引之事时说："此处金地，吾已居之。此山银地，汝宜居焉。"智者乃于北峰创立伽蓝。寺北别峰名华顶，独往头陀。忽于后夜，大声雷震，魑魅千群，状极可畏。大师安心空寂，诸魔自退。后魔复作父母师僧之形，乍枕乍抱悲哽流涕，深念实相体达本无，寻复消殒。明星出时见一神僧，神僧夸奖他勇敢无比，并为之说法。智者问曰：大圣所说是何法门？当云何学？云何弘宣？神僧曰："此名一实谛。学之以般若，宣之以大悲。从今以后，自行兼人，吾皆影响。"十年得徐陵启发，赐号修禅。陈少主三番五次派特使来迎接，大师皆以生病为由婉言推辞。后因北面师事永阳王的不断劝说，不得已在至德三年（585）大师四十八岁时，终于到金陵开讲《大智度论》及《仁王般若经》。祯明元年（587），于光宅寺讲《法华经》时，章安初次聆听。隋灭陈，大师过江西而憩于庐山。开皇十一年（591），晋王杨广邀请大师前往扬州。第二年又恳请大师留在栖霞山，但大师还是离去，经庐山，到衡山为报慧思之师恩，营建功德。接着至荆州，为报生地之恩于当阳玉泉山建立精舍。十三年（593），五十六岁时，于玉泉寺讲《法华玄义》；十四年（594）又讲《摩诃止观》。十五年（595）应晋王之邀，东下扬州，奉上《净名义疏》，虽被劝留栖霞寺，但不改以天台为终老之地的心意。智者大师也没有应蒋山栖霞寺保恭的邀请。十七年（597），会稽嘉祥寺吉藏大师请智者讲《法华经》，大师亦拒而未赴，终于回到天台山，后又应晋王的邀请，再次出山来到石城。"石城乃天台西门，大佛为当来灵像。处所既好，宜最后用心。"大师说完后右胁西向而卧。令侍者唱《法华》《无量寿》二部经，共同赞颂，入三昧。传法弟子三十二人，大师造寺三十六所，造大藏十五处。亲度僧一万四千人。尝曰："予所造寺，栖霞、灵岩、天台、玉泉，乃天下四绝也。"所撰写的著作有为晋王的《净名义疏》二十八卷。为毛喜的《六妙门》，为兄陈针的《小止观》，为学徒的《觉意三昧》、《法华三昧行仪》各一卷、《法界次第》三卷。另外，还有《次第禅门》十五卷，《法华玄义》三十卷，《圆顿止观》三十卷。下至五代，钱忠懿王时，申请于朝，追谥为法空宝觉尊者，宋宁宗庆元三年（1197），以荆门请，加谥灵慧大禅师。

以上两传可互为证明，其中柳顾言文中所述智顗入山之动机与周武灭佛有关及《佛祖统记》中记载天下四绝乃大师所为，此二点尤引人注目。予曾断言智顗大师入山之动机应与周武灭佛有关，见此文后似觉本人之断言获得有力之证据。（常盘大定 文）

真觉寺

真觉寺系小伽蓝。安放天台智者大师肉身宝塔的祖堂面南，其前面东西方有客堂，隔着庭院，南面有金光殿，东客堂中央东部有入口，内外都设有大门。另外，偏南方有石阶通往外面。石阶正面客堂的墙上，写着"南无阿弥陀佛"六个大字。

祖殿是面阔五间、进深四间单层的房间，正面中间有门，其左右各两间，均有窗。斗拱是三跳拱，是由颇为奇怪的手法做成。房檐是二重椽子，安有遮椽板，是宋代时由日本重原上人引进的。近似所谓的"天竺样"（译者注：日本建筑用语。又作大佛样。为镰仓时代传入日本之建筑样式。天竺本指印度，此处为别于早先输入日本之"唐样"，故称为"天竺样"，实际乃为南宋之建筑样式。其主要特色系采用差肘木）。内部藻井，可见梁檩，富有构造变化，图样颇多。（图12）房顶为歇山顶，正脊和垂脊以及戗脊除了雕有鸱吻外，还有神人、蟠龙、狮子、唐草模样的浮雕镂刻。雕饰丰富多样，但显得过于奇异，反而有芜杂之弊。（图13-1）

内部中央，在六角基坛上安放着天台智者大师的真身宝塔，塔身也是六角多层。宝塔塔身全部是石造，使用二跳拱，第一层的柱子上刻有龙凤。宝塔正面的龛中安放着智者大师塑像，其他各面也一样。在斗拱间的小墙上雕有关于智者大师的事迹。第二层有灵鹫山、王舍城、耆阇堀、娑罗林、华藏界、波罗蜜等浮雕图样，非常富丽堂皇。塔顶冠以相轮。

此塔从基坛到塔顶都有精致的浮雕，但显得过于繁杂，且技法也卑俗，几乎没有观赏价值。大概此塔与寺院的建筑同为嘉庆、道光年间（1796—1850）重建。（图13-2、图14）

内部以大师的真身塔为中心，左右后三面的坛上，都安放着宝冠形的坐像，大约二十六尊。

隋开皇十七年（597）十一月二十四日，天台大师在石城圆寂后，其弟子等人将其抬回，葬于此地，建肉身塔，是为真觉寺。《天台山志》中将其称为全身龛塔，仁寿元年（601），大师的忌辰时，设斋开龛，容颜如生；大业元年（605），又开一次，只有空龛。龛前有双石塔，为此有定慧真身塔院之称，但到了宋朝的大中祥符元年（1008），改名为真觉，后不久废弃。到了明朝隆庆年间（1567—1572），僧真稔重兴佛殿僧房。嘉庆、道光年间，相国阮文达捐赠俸禄再次重建。

日本大正十一年（1922）十月二十日，作者常盘大定来此，询及往昔之修禅道场，以及禅林寺遗址之大慈寺位于何处时，答曰位于稍远之北方田间，然今已废弃。之所以拜访此地，乃欲探寻梁肃所撰之"修禅道场碑"。大慈寺现在已经变成民居（图15-2），作者探寻内外，最终还是没有找到此碑。其间有一位老人说："真觉寺背后有一座碑，或许就是它吧。"回去寻找，终于找到了。

大慈寺是天台大师修禅的基地，他在此梦到定光禅师。定光禅师姓许名静照，青州人。梁大同初年（535），隐身佛陇三十载之久。天台大师入山前两年，

图 12 · 天台山 · 真觉寺 · 大殿

定光禅师就预言不久将有善知识来。定光禅师于陈太建十三年(581)以坐姿圆寂。太建七年(575)秋九月智者大师初次入山，在石桥上路遇一老僧，预言“寺若成，国必清”，大师来到佛陇的南峰，注意到它的秀美，寄宿在定光的草庵，听到洪亮的钟声，于是就在定光住处的北峰建造了寺院。山中有十二处智者大师修禅的道场，此处是最初的地方，是经受定光的指点的银地岭。寺门的东南角叫做佛陇，这是第二宴坐处。这样看来，大慈寺的创建可以追溯到太建七年(578)。隋代国清寺一建好，就取名为修禅道场。国清寺于唐朝会昌中(845)被废，咸通八年(867)重建，宋朝大中祥符元年(1008)改名为大慈，明朝洪武十七年(1384)，毁于风雨。德兴年间重建，今又归于荒废。据说废灭时，是真觉寺的住持把唐碑移到真觉寺里的。

大慈寺的左右被称为金地岭、银地岭，金地岭在定光庵的东峰招手岩下，银地岭即定光禅师所指引之地。唐碑本来在银地岭，后被移到金地岭。在大慈寺的东边有一块巨大的花岗岩，据传是大师的讲经处。(图 15-1)（常盘大定 文）

图 13-1·天台山·真觉寺·大殿屋盖之一部分

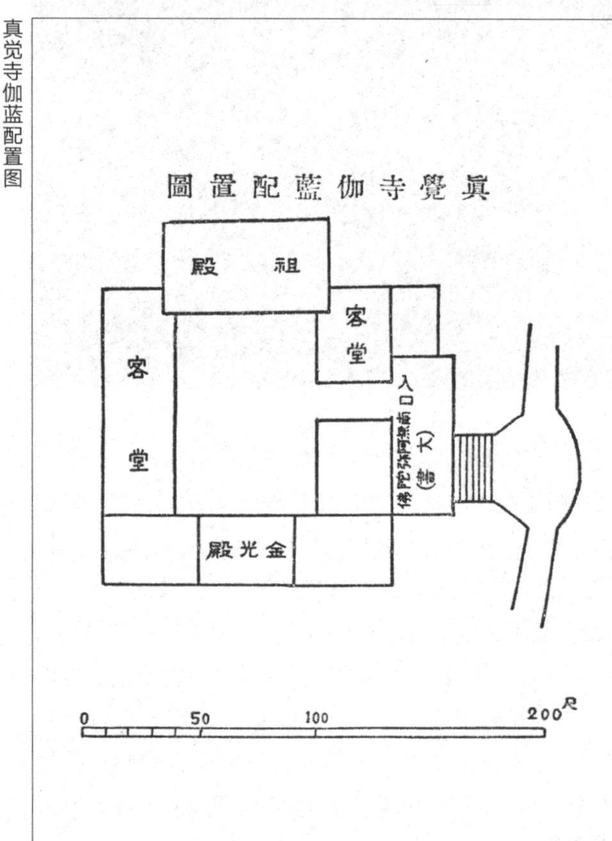

真觉寺伽蓝配置图

图 13-2 · 天台山 · 真觉寺 · 大殿 · 智者大师真身塔

图14·天台山·真觉寺·智者大师真身塔

图 15-1 · 天台山 · 智者大师讲经处

图 15-2・天台山・佛陇・修禅道场址

唐修禅道场碑

唐朝翰林学士梁肃撰文、台州刺史徐放书写的修禅道场碑（图16）原来在大慈寺，现在被移到真觉寺客堂的后方，横倒放着，系天台山中唯一的遗碑。同样是唐代的遗碑，但由于南北方的不同，其形状和石质也有很大的不同。北方的碑威风凛凛，有冠趺，石质美观坚硬。然而修禅道场碑尽管是在这样的遗址，由于这样的原因，又由这样的学者，为这样的大师而建立，碑首却只是呈圆形，没有任何装饰，但是碑文却堪称笔力遒劲。

据碑文记载，天台山自国清寺上登十数里处曰佛陇，是智者大师现身得道的地方。南朝陈代时，崇敬智者大师，在此建寺号之修禅寺。到了隋代，建了国清寺，废掉修禅之号，改为道场。大师圆寂后的一百九十多年，遵照湛然大师的遗训，以启后学门人。其弟子法智洒扫智者大师的旧居，保护此宝地，同是其弟子的梁肃也撰写大师的功绩，故有了此碑。大师于开皇十七年（597）圆寂。弟子千余人中，深得佛法的有三十二人。其中重要的人物就是章安灌顶。灌顶传缙云、东阳、左溪，传到湛然，再次把天台教观宣弘到内外。湛然对梁肃说："佛陇是先师遗尘集中之处。自上元宝应之世（760—762），邦寇扰攘，缁锡骇散。现在法智坚守塔庙，使佛土得显庄严，使回向的门徒有依归之处。你要好好把这些记录下来。"梁肃叩首接受使命，记录大师的事迹、教门的继明、后裔的住持的，就是这尊碑。

此碑系唐元和六年（811）十一月十二日高僧行满所建。《佛祖统记》所记碑铭字句颇有异，似为后人添加，今从现碑，叙述如前。造此碑的行满在《宋高僧传》卷二十二里，被记载成"天台山智者禅院行满"传下来；在《天台山志》第五里，被记载成"唐行满"，与原本转载的不同。根据《传》和《志》可知，行满先到石霜学习禅法，后到天台去，听荆溪说止观，顿悟妙旨，宿于华顶峰下的智者院，当上茶头。夜坐土床四十年，未尝便溺。到了开宝中期（968—975），八十多岁圆寂。现在来考察这点，行满的这点事迹其实太复杂了，在学术上没有丝毫价值。因为湛然在建中三年（782），七十二岁时圆寂。石霜庆诸在光启四年（888），八十二岁时圆寂。如果按照此记录，把行满看作是开宝（968—975）中期圆寂的话，与湛然和行满的圆寂正好隔一百年，如果向湛然求教的话，那么至少必须活到一百四五十岁。另外，石霜的圆寂也比行满早八十三年。行满到石霜那儿修禅的话至少要活到一百甚至一百二三十岁。如果那样的话，行满即使活到一百二三十岁，跟随石霜修禅，然后再跟随湛然学习，至少要到一百四五十岁时才能听止观，然后还要再到智者禅院当四十年的茶头。这哪是人类能够做到的呢？虽有他四十年间未尝便溺之记述，但若视其为菩萨化身之奇迹，则与求教于石霜、湛然一事不相符合，故《传》与《志》中之《行满传》必须将此删除。然而梁肃文中写的建碑者行满确确实实是贞元二十年（804）日本最澄和尚修学所在地——智者禅院的行满。贞元二十年（804）是湛然圆寂后二十二年的事，与建碑的事迹完全一致，因此这座碑可以修正《宋高僧传》和《天台山志》中的谬误。在荆溪"旁出世家"中加入了行满，和《宋高僧传》中一样也提到行满八十八岁圆寂一说，真是错上加错。其中提到行满著《涅磐疏》，与梁肃并提，因此说行满建碑是毫无疑问的；不过，提到行满于开宝中期八十八时圆寂，于百余年前求学于荆溪大师，关于行满圆寂年代不成立这一点，却丝毫没有人注意到。

《天台山志》写道："除了唐梁肃撰写、徐放书写的修禅道场碑以外，亦有徐放书写的佛陇禅林碑。"虽然碑文都已遗失，但是后者由于某些误谬，应该指的是同一座碑吧。

修禅道场碑是日本最澄和尚师从的行满大师竖立的，这一点在年代上没有任何疑问。这座碑实际上叙述了中日两国间佛教往来的因缘，还纠正了原来古代传记里的错误。据说最澄是跟随佛陇寺行满、修禅寺的道邃修行的。《宋高僧传》里提到华顶峰下智者禅院的行满，国清寺的道邃。最澄去的佛陇和《宋高僧传》里的智者禅院相同，大概就是今天的真觉寺之前身，即智者大师的塔院所在之处吧。最澄修禅的地方大概就是今天的大慈寺，因此可以看出道遂是跟随荆溪来到佛陇，最澄来时，他在修禅寺，后来住到国清寺。这就是在《宋高僧传》里写着“国清寺的道邃”的原因。在《小止观抄》里写道：梁肃听从上面的指示把修禅寺改为禅林寺。这样看来，最澄所在的修禅寺就是后来的禅林寺。因此，所谓的广修法师终于禅林本寺，葬全身于金地道场，说的一定就是在佛陇建塔之事，因为禅林的所在地是银地。

荆溪湛然大师在佛陇圆寂后，其弟子将他的全身塔供奉在智者墓地的西南角。《佛祖统记》第八里说：宋朝元祐初年（1086），永嘉的忠法师派弟子清扫该塔。草棘荒芜，无法辨认。据梁氏的碑文，在离大师墓地百步之处，找到该塔。其龛已是空空的，唯有乳香一块。夜里，梦见玄弼山君。曰昨夜天神派众人取走了全身，才知道在旧基上有建石塔以为标识。后来法孙广修终于禅林，在金地道场即佛陇建全身塔，玄孙物外终于国清，被葬在智者塔院的旁边。虽然不明是否还有其他原因，但荆溪之后，天台法师圆寂后葬于智者塔院旁边则成为一种风气。（常盘大定 文）

图16・天台山・台州隋故智者大师修禅道场碑・拓本

高明寺

高明寺位于山中老杉古柏苍翠里(图17)。首先进入山门有大雄宝殿。其前面东方有钟楼,系四层楼,挂着写有"空明"的匾额。大雄宝殿的后方高处,有一方丈,是多层悬山顶式建筑。其前廊的斗拱、虹梁的手法尤为奇特,施以许多比较低劣的图样和浮雕。(图18-1、图18-2)(关野贞 文)

大雄宝殿的主佛为释迦(中)、文殊(东)、弥勒(西)三尊。据寺院的僧人说,是传灯大师建的铁佛。左右两侧各有三十座尊者像。据说是自迦叶以后到阿多迦的祖师。(图19-1)

寺里有智者大师所持的贝多罗叶、隋帝所赐的袈裟以及称为钵的东西,是否可信难以断定,或许是后来人的附会吧。(图19-2)

高明寺为智顗手创天台山十二古刹之一。本来名为高明,是大师净居的遗址。大师在佛陇的时候,讲《净名经》,忽风吹经飘,翩翩不下。即持锡杖,披荆棘,寻经所至,越五里,风息经坠。大师遂将此地营为净居。《天台山志》卷四记载系唐代天祐七年建,但唐朝没有这个年号(译者注:唐代确有"天祐"年号),或许是"元和"之误吧?无论如何,该寺是唐代正式建寺于智者大师的遗址上的。清泰三年(936),该寺号智者幽溪道场。殿前有石经幢,据说上面有天福二年(937),舍入幽溪禅院的文字。宋大中祥符元年(1008)改为净名寺,后又恢复原来高明的旧号。明代嘉靖年间(1522—1566)被废,万历年间(1573—1619)由传灯大师重建。但现在在所能看到的建筑中,只有钟楼是传灯重建的,其余全部都是清朝的建筑。传灯法师系《天台山志》作者。(常盘大定 文)

图17·天台山·高明寺

图 18-1 · 天台山 · 高明寺 · 方丈

图 18-2・天台山・高明寺・方丈・细部

图 19-1·天台山·高明寺·大雄宝殿·三尊佛

图 19-2 · 天台山 · 高明寺 · 传智者大师袈裟、贝多罗叶及金钵

华顶

善兴寺

华顶峰是天台山最高峰，其下有华顶寺。(图21) 华顶寺是后晋天福元年（936）国师德韶大师创建，原名华顶圆觉道场，宋代治平三年（1066）改名为善兴。明代洪武四年（1371）毁于火灾，宗济禅师主持重建，隆庆年

图21·天台山·华顶峰

间（1567—1572）又再次重修。（常盘大定 文）

华顶寺面向西北。山门上挂着写有“道华净域”字样的匾额。进入山门，有罗汉楼，五间三进多层，挂着“圆觉道场”的匾额，内安放着四大天王像。其后有一小方池，周围铺石，架起石虹桥。接下来是大雄宝殿，东西两庑即客堂，大雄宝殿的后方有方丈室。东西客堂的左右也有一些建筑物，但其中一部分已严重损坏。

大雄宝殿是面阔五间，进深五间，悬山顶，左右两侧仅为砖筑层段的墙壁。第一层的前面有外廊、弧形天花板，通透敞开，可清楚地看到圆形椽子的阁楼。斗拱为三跳拱，是平身科的一种，与虹梁的梁托，都施以华丽的雕饰。（图 20-1、图 20-2）

值得注意的是，大雄宝殿内部铺有地板，藻井可看到屋顶的阁楼。（关野贞 文）

中央石坛上安坐着“释迦、迦叶、阿难”三尊佛像，沿着四周的围墙左右有二十天、十八罗汉。释迦像的背后有“观音、韦陀天”。后侧供智者大师、药师、达摩、定光、伽蓝神、弥勒诸像。（常盘大定 文）

上层的斗拱和下层相同。屋檐下层两间，上层两间，都有椽子遮椽板。上层挂着写有“大雄宝殿”字样的匾额。

方丈室是多层的，下层前廊开放，斗拱、虹梁是托木式的，也有很多雕刻。客堂、僧房皆为多层，有前廊，和前殿相连。屋顶都是茅草的。方丈室前有羲之池。（关野贞 文）

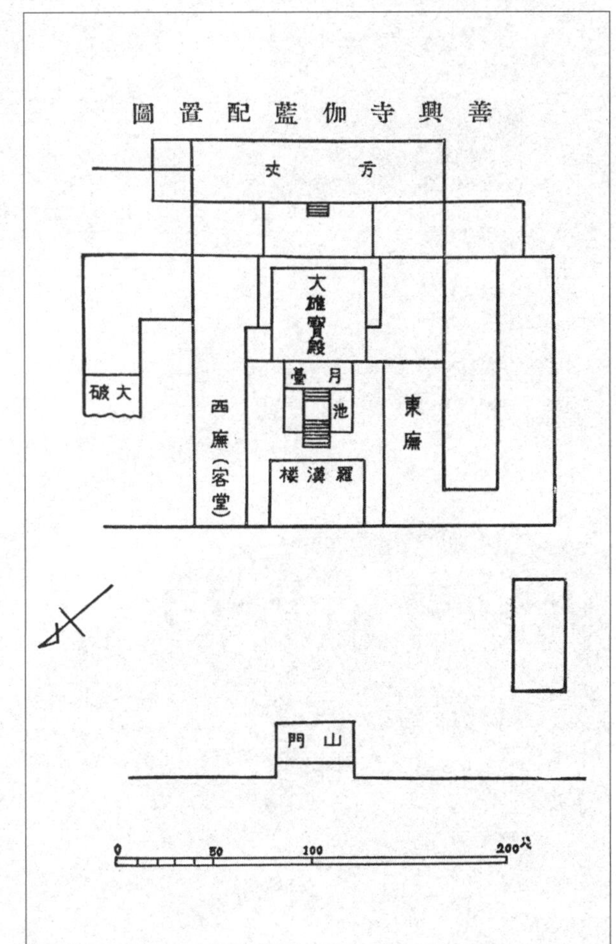

善兴寺伽蓝配置图

图 20-1 · 天台山 · 华顶峰 · 善兴寺 · 大雄宝殿

图 20-2・天台山・华顶峰・善兴寺・大雄宝殿・细部

降魔塔

华顶峰的最高顶有智者大师降魔塔。是为纪念大师在此打坐降魔而建的。（图22）（常盘大定 文）

此塔系一小石龛，面朝南。龛身方一尺二寸五分，高一尺五分，在正面建造有雄劲有力的曲线形成华顶龛。内安放着智者大师的石像。下面有基石，形状大胆夸张。石盖严重破损。龛身的背面刻有以下铭文。

国清寺塔院僧全真。皇(?)考□二千一……氏八娘子造此□□以。生界。开宝四年、辛未九月日。慕缘勾当僧文瑗记。（关野贞 文）

据此可知，此降魔塔是宋代开宝四年（971）建造的。只是智者大师像的雕工稍微粗劣一些。《天台山志》第十三中记载明代王中丞恒叔重建之事大概就是指这尊像吧。（图23-1、图23-2）另外在龛身的西面有如下刻字。

石坑之圣□。余□文老□。王当山开祖。佛处谦终□。皇祐己丑秋。

再下来有拜经台，碑已丢失，仅有碑台。传说是智者大师面朝西，拜颂《愣严经》的地方。据说李白的书堂在此，白云先生也在此思修过。另外，还有吴人葛玄的丹井、茶圃。（关野贞、常盘大定 文）

图 22・天台山・华顶峰・智者大师降魔塔

图 23-1 · 天台山 · 华顶峰 · 降魔塔 · 智者大师像

图 23-2・天台山・国清寺・祖师堂・智者大师像

太白书堂

《天台山方外志》卷第三的《华顶峰纪事》中写道：

登绝顶降魔塔，东望沧海，弥漫无际，号望海尖。下瞰众山，如龙虎蟠踞、旗鼓布列之状，草木薰郁，殆非人世。智者与白云先生思修于此，有葛玄丹井，王羲之墨池，李太白书堂。台山九峰崪嵂，犹如莲华，此为华心之顶，故名。

由此可见，李太白的书堂（图33-1）犹如幽溪道场，这点已由学者确认。

另外，卷十三的古迹条下有记载："华顶峰建有太白堂，李白曾经来天台游玩，后人为之建书堂。"

《台州府志》卷十四的古迹条下有太白书堂的条目，引用前面提到的方外志后，附有贾诗题诗一首。

太白千载豪，神游渺湖海。
漠漠此山中，而有书堂在。
岩断缘萝深，涧寂寒泉泻。
抚景一悲伤，仿佛瞻云采。

（常盘大定 文）

图 33-1 · 太白堂

上方广寺

方广寺位于石梁的上游四五丁（译者注:一丁相当于109米）处，相传五百应真曾在此显化。《西域记》里写道："震旦天台石桥方广寺乃五百罗汉的居处。"它与石桥和罗汉的关系早就中外皆知了。（常盘大定 文）

山门是面阔五间、进深四间的建筑物，极为普通，内置弥勒佛像，但不见四大天王。山门里有大雄宝殿，多层，挂着写有"龙藏供奉方广禅寺"字样的匾额。佛殿面阔五间、进深五间，开放正面的一间。在圆形椽子结构的屋顶上、斗拱、虹梁、托木等都有丰富多彩的雕刻。（图25-1、图25-2）大殿内部以释迦、迦叶、阿难三尊佛像为中心，两侧有十八罗汉，后侧有东土祖师、达摩、西天祖师、关帝伽蓝神、元璧真君诸像，和宁波宝云讲寺的佛像摆设相同。上层屋顶是歇山式，铺瓦。其左右有廊庑，后有方丈室。在方丈室的东边有罗汉堂，安放着金色的五百罗汉像。还有藏金阁，收有敕赐龙藏。山门前立着七石塔。（图24）（常盘大定、关野贞 文）

图25-1·天台山·上方广寺·大雄宝殿

图 25-2 · 天台山 · 上方广寺 · 大雄宝殿 · 细部

图 24 · 天台山 · 上方广寺 · 七佛塔

下方广寺

位于石梁下溪流旁，是个小伽蓝，只有大雄宝殿和左右僧房以及一前门。大雄宝殿是五间四进，悬山顶式，构造甚为简单，无斗拱，单顶，内部藻井可看到装饰阁楼，是清末的建筑，稍显荒废，在佛坛上安放着三尊佛像、两个罗汉。

方广寺原来只有一个，后仿照杭州西湖的三天竺寺，建了三个。中方广寺建在石梁旁，直至近年只建起了客堂，与寺院之号不相称。（图 26-1）（常盘大定 文）

图 26-1・天台山・中方广寺大殿及石桥

石梁

从华顶向西往下行走约千尺，十五华里后可到达石梁。高五丈多的大瀑布，自悬崖落下。崖上有一石梁，宛如彩虹横架在左右两边悬崖的绿树丛中，形成天然的石梁桥，长约三十尺，厚达二间，脊面隆起，宽不盈尺。桥下一挂飞瀑，落差约二十余尺。横渡此桥时，会让人感到目眩脚颤，确实应称为神工鬼作。此瀑布上流有上方广寺，瀑布旁有中方广寺，下流有下方广寺。其中上方广寺最大，下方广寺次之。石梁的对崖是铜堂。据传内有五百罗汉雕像。（图26-2、图27）（关野贞 文）

晋朝孙绰作《天台山赋》，大肆鼓吹此地为人间仙居，为此天台山一时声名显赫。出于对天台山的憧憬，昙猷从北方入山，来到石桥，此即佛教和石桥建立联系之肇始。《高僧传》第十一中有《晋始丰赤城山竺昙猷传》。其中写道：

山中古老相传，有构筑极佳之精舍，得道者居之。精舍在山涧另一边，虽有石桥，但石头横起，且莓苔又湿又滑，所以自古以来，无人到过。昙猷想试一试，他刚走到桥边，便听见空中说：“知道你虔信诚笃，但现在还不能度你过去，十年后再来吧。”他听后怅然若失。此时正是夕阳西下，他便留在山中过夜，朦胧中听到好像有做法事唱菩萨的声音。早晨醒来，他还想前去，半路碰见一位须眉皆白的老人，问他到哪里去，昙猷详细说明。老人说：“君是有生有死的身体，去了不是白白送死吗？我是山神，才告诉你。”昙猷只好返回。路上见一间石室，便进去休息，他每每遗憾不能走过石桥。后来，他清净斋戒了几天，又来到桥前。忽见横石洞开，便走了过去。不久，便看见精舍和神僧，神僧说：“十年后，你自然会在这里，现在还不能住下来。”昙猷于是返回，再看横石，又闭合如初。

后来天台大师初次入山，也数次穿越石梁，屡屡下到南门，经常在石桥留宿。石桥的盛名传到海外是因为和佛教的关系，后来石桥渐渐出现在文学和艺术作品里。（常盘大定 文）

图 26-2・天台山・石桥

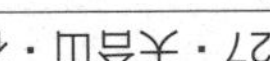

图 27・天台山・石桥

万年寺

万年寺是宋代禅宗的大伽蓝，日本的荣西禅师曾经入宋拜该寺虚庵禅师为师，后跟随虚庵大师到天童。《天童山志》详细记载了荣西从日本用船运了大批百围巨木，在天童建成千佛阁之事。荣西也在万年寺建有山门以及其他东西。这在《天台山志》里有记载："淳熙十四年，日本国僧荣西建山门两庑，仍开大池。"作为留学修禅的一名僧侣，能在异域建树大业，将其名永远留在天台山志里，没有非凡的才能是做不到的。归国后，荣西兴建了建仁寺、寿福寺，成为临济宗的始祖，这些绝不是偶然的。

在寺的前面有个大池，这被认为是荣西开凿的。天童寺、育王寺都在山门前建大池。日本禅刹前多建池塘，大概就是模仿这种做法吧。池的北岸偏西处有一石塔。寺院正门外有八株大老杉，树干之粗皆需二人或三人环抱。（图 28-2）大门是极为简朴的单间牌楼。进门向前行走约 70 多米就到了天王殿。这大概就是荣西大师建的山门吧。而在日本大正七年（1918），作者关野贞去的时候，只剩下一幢面阔五间、进深三间的单层双坡顶建筑物，周围被墙包围着，正面开一拱门，左右只有方室。除了其平面外，无法体现古代原貌。唯有构成内部藻井的二重虹梁以及上面的大瓶束（译者注:日本建筑术语，指"柁架中央瓶状短柱"）的类似日本"禅宗样"（译者注:禅宗由中国传到日本以后，日本的禅僧为了建立与禅学相配合的寺院，多次深入中国的名山宝刹考察，后把引入到日本的南宋禅寺的建筑式样称作"禅宗样"）的建筑手法，引人注目。拱门上挂着题有"万年寺"的匾额，旁边写着"乾隆癸卯重建"。由此得知此门是乾隆四十八年癸卯（1783）重建的。门内中央供奉着弥勒像，其背后有韦驮天像；东侧如一般的寺院那样，安放着持国、增长二天王，西侧安放着多闻、广目二天王的像。背面的拱门上有"南无阿弥陀佛"的匾额。

天王殿内有大雄宝殿，重檐歇山顶，面阔五间、进深六间，以面阔三间、进深二间为正殿，前后有进深一间的中殿，其周围为偏殿。藻井是装饰阁楼，地上铺三合土。构造简单，不使用斗拱。单檐，安了椽木遮椽板，铺瓦。正脊两端有正吻，戗脊两端仅置狮子状兽物。（图 30）（常盘大定 文）

内部中央石坛上按惯例安放着三尊释迦牟尼像。

大雄宝殿的后面有法堂。面阔五间，进深四间，多层，有前廊，外有"令法久住"、内有乾隆年间的"禅林砥柱"的匾额。法堂后有方丈室。如法堂亦面阔五间，进深四间多层，有前廊。上有"大悲宝阁"、下有"亲到堂"的匾额。（图 28-1）以这些重要的殿宇为主体，左右有客堂、斋堂、戒堂等其他房舍。（图 29）古时寺域甚广，规模宏大，但后世历经兴废，近代已相当不振。堂宇也荒废了，荣西修禅时代的制度都几乎看不到了。

万年寺是晋兴宁间（363—365）昙猷休息的场所。当年昙猷在此环顾四周，发现此地八峰环抱，两涧合流，是真正的福地，便开始在此结茅居之。

该寺会昌中废，大中六年（852）重兴，号镇国平田，五代后梁龙德年间（921—923）改名福田。宋

雍熙二年(985)改为寿昌，建中靖国初期(1101)遇火灾，崇宁三年(1104)重建，号天宁万寿。绍兴九年(1139)定名报恩光孝，后又改为万年。淳熙十四年(1187)上天台山谒万年寺虚庵怀敞大师的日本僧人荣西建山门两庑。《天台山志》卷四中对此有记载。万历十五年(1587)，李太后赐藏经，清顺治初(1644)，毁于战火，僧无碍又重建。

日本大正十年(1921)九月二十五日，作者关野贞探访万年寺时，天王殿和大雄宝殿都还看得很清楚(图29、图30-1)。日本大正十一年(1922)十月二十二日，作者常盘大定探访时，天王殿已被破坏，天王像躯壳裸露在外，而大雄宝殿已经完全消失，释迦牟尼的像在院中。因大殿遭到如此破坏，宁波观宗寺的谛闲和另一人才有重建之举。(图30-2)

万年寺东南有罗汉峰。原来在山岭上有棵巨杉，据传为供五百力士居住而在此岭筑寺。广东华林寺的《五百罗汉神记》(南海罗文俊撰)中记载："在震旦之土，第五尊者诺讵罗，率其徒八百众，五百居天台，三百居雁宕，同诸眷属，随方游化，作人间福田。"《罗浮灵异》有载："隋朝智者大师在天台学观，常云游在半干尊者和石梁方广之间，五百之名越发有名了。"如上述，天台山五百罗汉的传说和智者大师有关联，但很难知晓其缘由。宋朝雍熙元年(984)敕造罗汉像五百十六身，供奉在天台寿昌寺。《佛祖统记》第四十三中可以看到。寿昌寺于雍熙二年改称万年寺。(常盘大定 文)

图28-1・天台山・万年寺・方丈

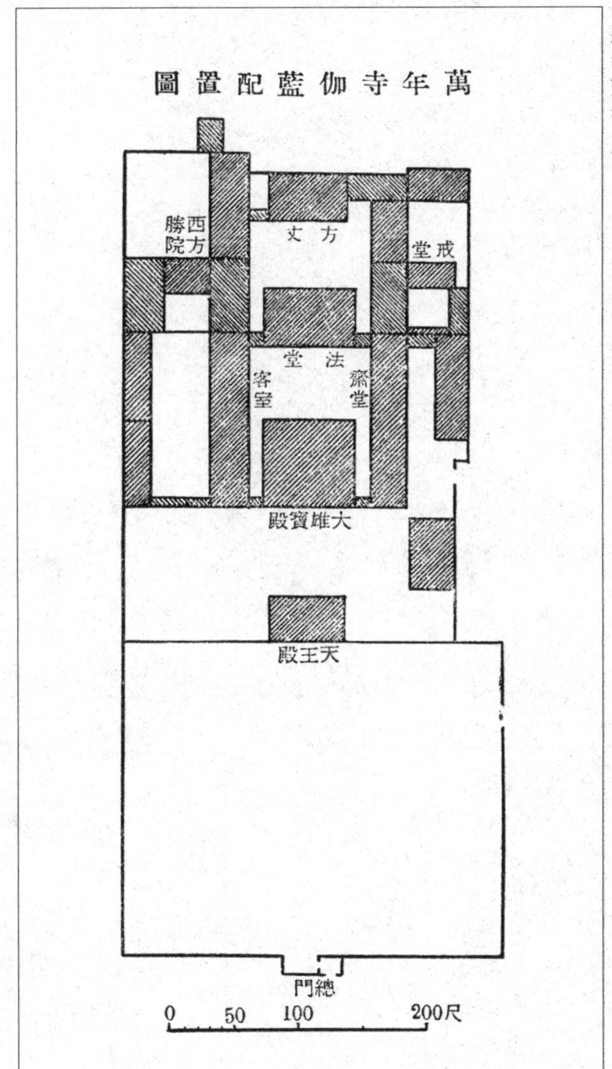

万年寺伽蓝配置图

图 28-2 · 天台山 · 万年寺 · 门外

图 29 · 天台山 · 万年寺 · 全景

图 30-1 · 天台山 · 万年寺 · 大雄宝殿(1918年拍摄)

图 30-2・天台山・万年寺・全景(1922年拍摄)

赤城山

赤城山为天台山子峰，位于天台山西南面。隔着始丰溪，可以望见远处山顶的砖塔。（图31-1）

山顶的砖塔在《天台山志》第十三中有记载，为梁朝岳阳王妃所建，德韶国师重建，七级二十丈高。该塔现在仅存四级。（图31-2）

赤城山的石室自从晋朝义熙初年（405）的昙猷以来，就和佛教有很深的关系。昙猷从北方入山，来到石桥，因不得渡而感慨之。遂入赤城山石室，潜心修禅，名声传扬四方。王羲之慕名而从远道来拜见。时人把昙猷的住所称为中岩寺。山脚下有大岩石，极为深广。晋太元末年（396）昙猷在石室圆寂，尸身不腐；建元（479—482）年间，慧明禅师来到石室的时候，还依然看到。传说慧明禅师将其制成塑佛，故得卧佛寺之名。自此以后赤城山之名就被载入佛教史中。

据《天台山志》所载，到了唐朝，章安灌顶大师为了整理其祖师天台大师智顗的疏抄，从国清寺来到这里。故此地有结集岩之名。后来荆溪湛然为了给大师的三大部加注，也隐居在这里。故此地有释笺岩之名。又传唐观法师书撰“结集释笺”四字小篆，题刻于赤城岩，然该题刻今存于何处不明。作者常盘大定为了探寻此二岩，特意于日本大正十一年（1922）十月二十日登上此山。寺院僧人连其名称都不知道，故无法正确地指示这两座岩的所在，但估计就是自然洞窟吧。

山里有五个洞。东方有飞霞、玉京二洞，东南有餐霞洞，南面有华阳、紫阳二洞。其中玉京洞在赤城的右侧，传说晋朝的许迈曾在此居住过。有庙，庙前有雍正十三年（1735）立的、题为金钱池的石刻，石刻中有关于古时僧昙兰在此诵经的记载。餐霞洞内外都有坟墓，旁边有题为掬井的井。洞内的墓根据其壁刻可得知是一峰公的墓。传说一峰公的次女玉京女士二十年守在墓边，双手捧土建坟成墓，竟然捧出一个很深的坑，后积水成井。华阳古洞其宽度足以容人。其下边的紫阳洞最大，洞内有呈庙状的建筑。绕赤城山一圈，可知章安与荆溪隐居著述的所谓结集岩、释笺岩应该就是紫阳、华阳二洞，其他地方均找不到。（图32）

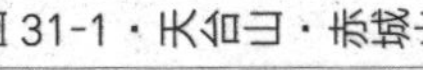

图 31-1・天台山・赤城山

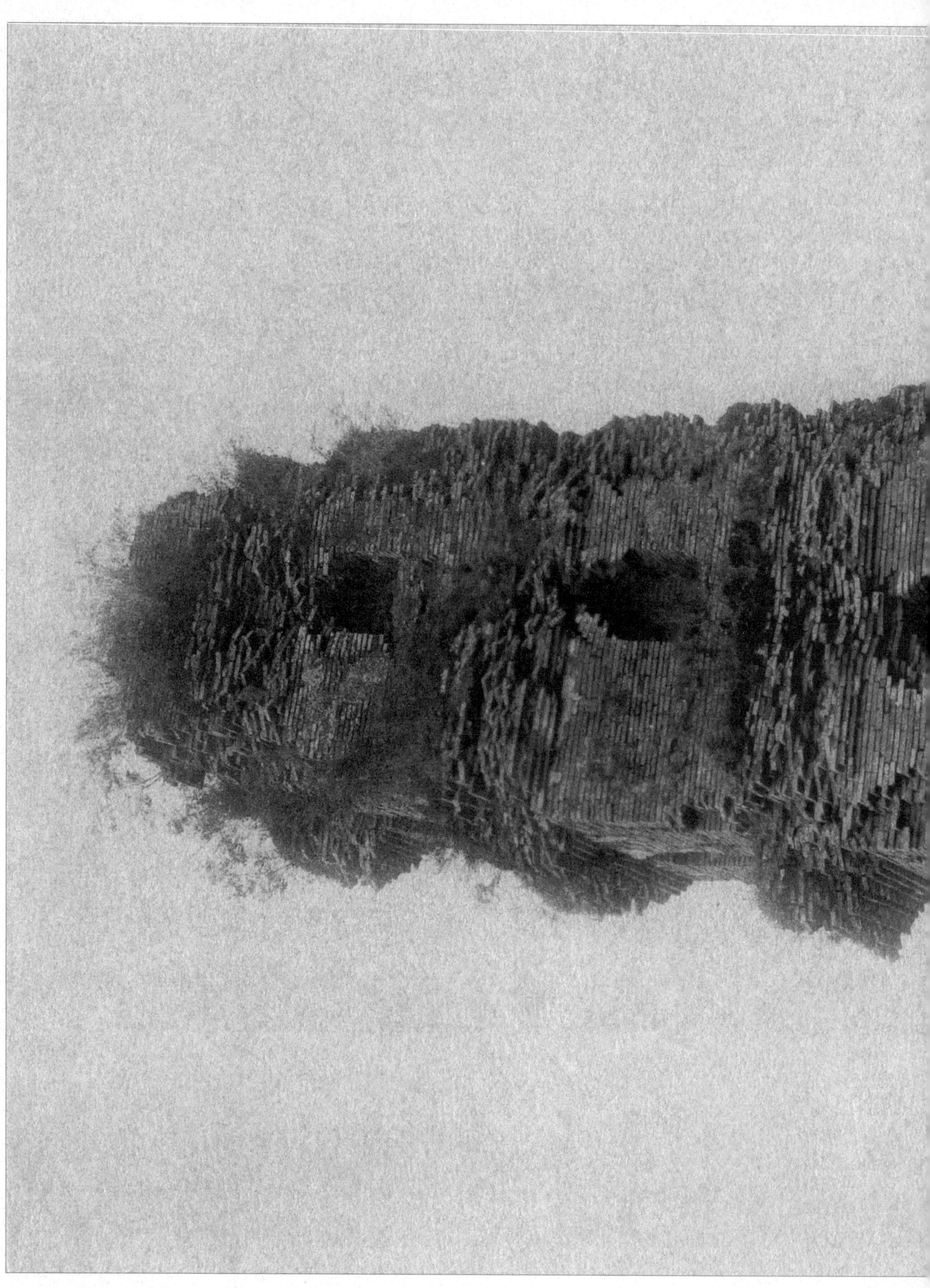

图 31-2・天台山・赤城山顶・砖塔

图 32-1・天台山・赤城山・华阳洞

图 32-2・天台山・赤城山・餐霞洞

天台山佛国路凭

《天台山佛国路凭》图由国清寺携至日本，因系探求中国民间信仰的好资料，故收录在此。

构图根据左下方的总颂五道分路，可以得知：

阴司路上有三桥，金桥银桥奈何桥。

桥本无桥随业现，分明苦乐自心招。

据说于无桥之处建三座桥以分苦乐，缘于心中业障。所谓三座桥即奈何桥、金桥和银桥。位于下方宛如彩虹者即为奈何桥。图中一隅有双句偈：“恶人定过奈何桥，恍见桥栈万丈高。”画着狱卒鬼神、牛头□□、铜蛇、铁狗等，以示阴司惨状。

位于其上部的是万善银桥，桥的另一方画着天女仙童，偈文上题有“善人生天，人行忠孝过银桥，天女仙童把手招”两句，表示□□沙门、□□忠臣、好施长者、乐善夫人、三才公子、四得美人等被仙童天女迎接上天的快乐。

其上部画的是佛国金桥，由观音大士亲瞻沙门状二人（其名称无法判断）、菩萨判官、慈爱夫人等往生西方极乐世界，得遂（分为）下品、中品、上品之转生。

画中此处又画六个钱形图案，其表面皆有阿弥陀佛四字。录于此处之偈有“总颂念佛得钱财”字句，共三偈，分别是得铜钱、得银钱、得金钱，以表示得财皆为念佛之益。而且，最上方念佛启赞之末尾，写有“念佛之人，正念分明，随香烟而上，高升佛国，花开见佛无量寿，佑保儿孙万代春”字句。念佛可由阴司次第上升确为好事，但无论如何，使之附上福寿之念，乃民族性之体现。

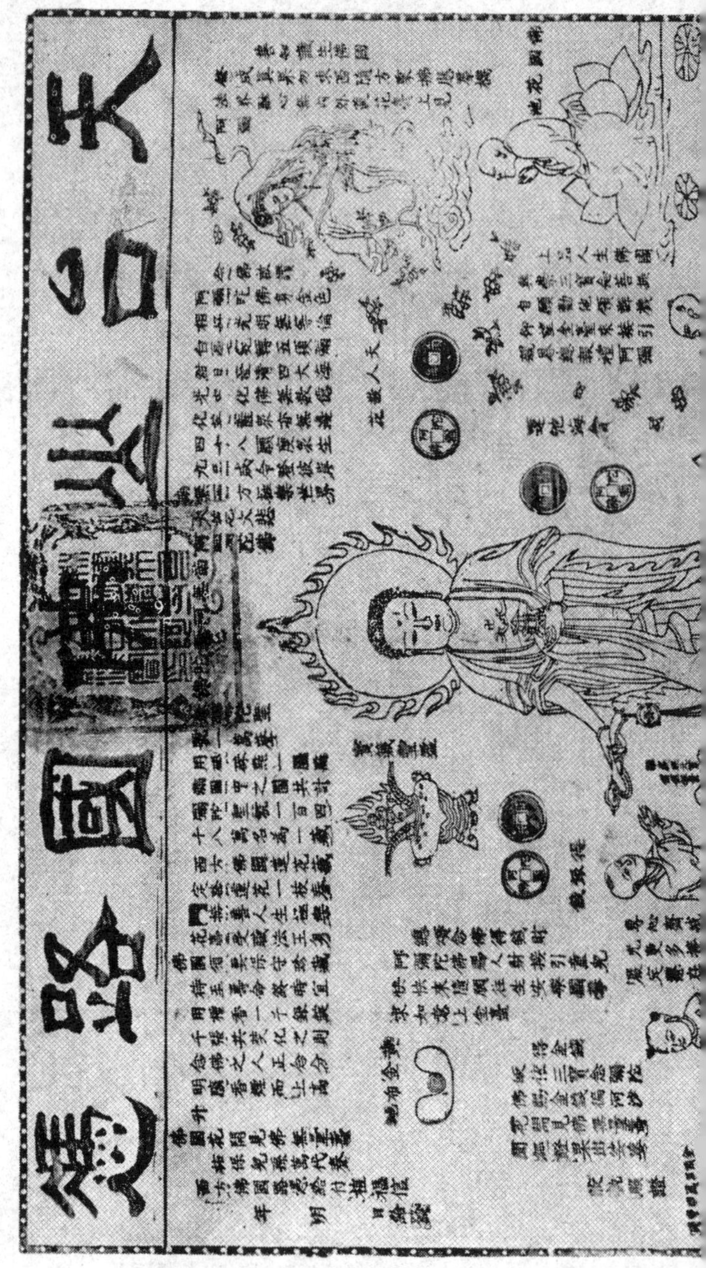

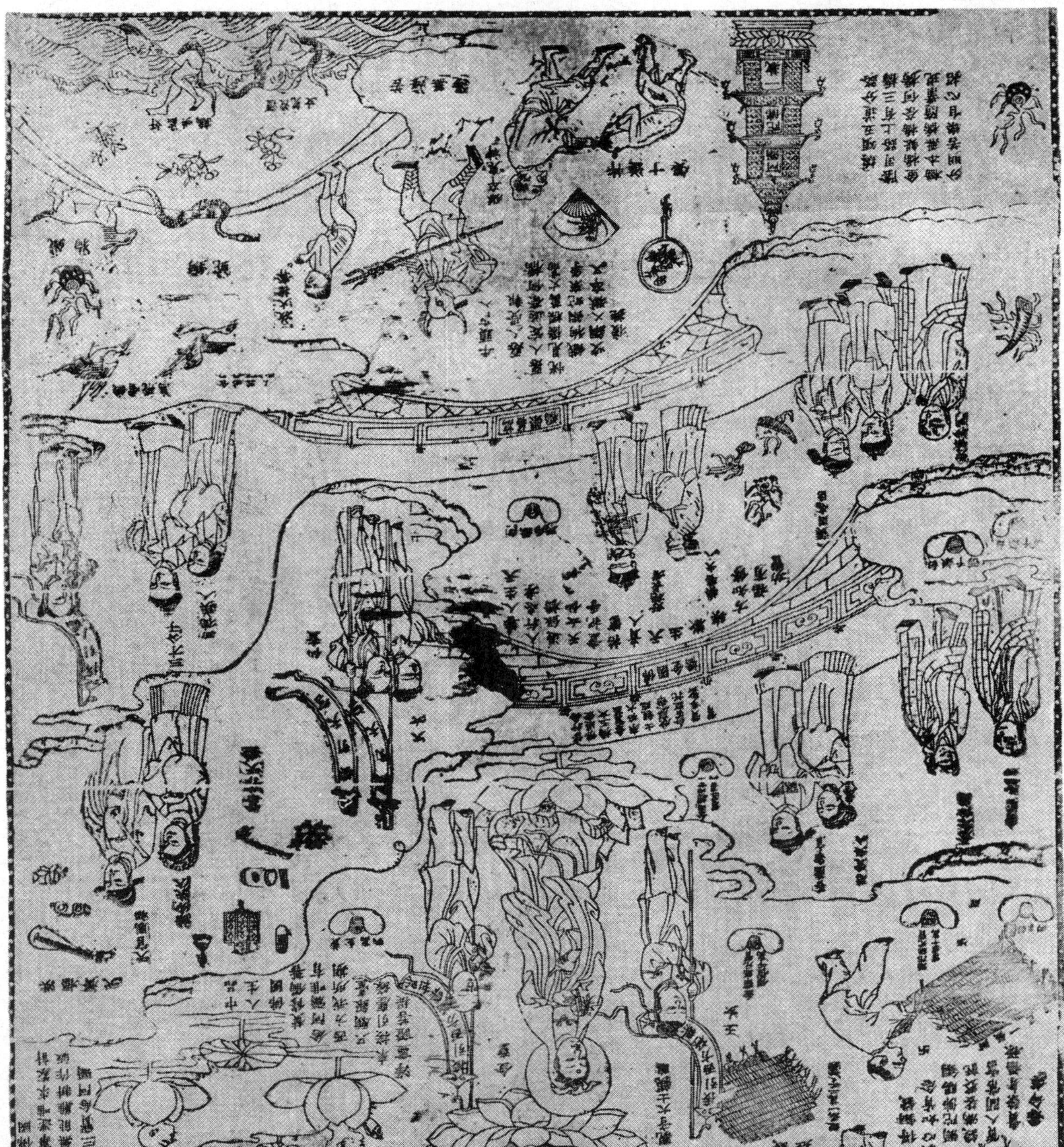

天台山佛国路凭

百步岭 | 紫阳道院

从台州向天台山前进，中途在县北六十华里处有个地方叫百步岭，山顶有个紫阳道院（图33-2）。作者常盘大定于日本大正十一年（1922）十月到过这里。岭上有富丽堂皇的寺庙，庙前有座高台，台旁有大树。因为很不寻常，经调查方知乃雍正敕建的紫阳道院。院前的台上有题为重修紫阳仙坛化身处的碑，院内有雍正御碑，还有题着派演南宗的碑。雍正御碑里主要说仙佛一源。这是以张紫阳的“悟真篇”为基础的思想。雍正皇帝特别推崇《悟真篇》。

《天台山志》卷之九神仙三十六人中记载宋代的张伯端之名，关于这点，正如以下所记载的:天台人，字平叔，自幼好学，晚年传混元之道而未备。孜孜访问，遍历四方（译者注:日语原文写为“遍历四月”，根据上下文意思及相关资料，应为“遍历四方”）。后游蜀，遇刘海蟾，授金液还丹火候之诀。乃改名用成，号紫阳。自以为得形神俱妙之道，能出神入定。修炼归来后将其所得编成秘诀八十一首，称作《悟真篇》。后世将其视为一宗派，称为天台仙派。住世九十九岁，趺坐而化。弟子用火烧化，得舍利千百，大者如芡实，色皆绀碧。（常盘大定 文）

图 33-2・百步岭・紫阳道院

台州

千佛塔

台州中峰下有座千佛塔（图34-1）。乃七层砖塔，现今其最上层的上部均已被毁。平面方形，第一层一面长约十二尺，东面有入口，拾级而上，可到达最上层。各层木造部分的迂回斗拱均损毁，现仅存砖筑的壁体。第二层以上各层各面均开尖拱窗。从初层四壁起，各层窗的左右角柱之间的壁面上都嵌着佛像砖，故称千佛塔。千佛塔残高约七十尺。据《台州砖录》卷五记载:塔内第二层砖上有以下题记:

杭州路灵隐禅寺僧男淳具谨抽衣资，建筑第二层宝塔，专为追荐。亡考潘周五，三秀才卅名行已，亡妣陈氏、元二娘子二位尊。寃倘魂已生人世，愿增益于报缘。或尚滞冥途，巽超生于净土。次巽亡翁百三、宣教、潘公、亡婆车氏、千二娘子、亡兄亡妹俱沾利益，各遂超升者。大德三年二月日题。

据该题记，元朝大德三年（1299）僧人淳具修缮了塔的第二层。即此塔乃大德以前的建筑，大德年间已破损到需要修葺的程度。根据千佛砖之制法，余等可以认定该塔建于宋代（译者注:千佛塔始建年代不详，但至迟于唐天宝三年即已建成）。

此塔各层高度与宽度缩减度皆小，虽然斗拱、屋顶均毁，仍不失凛凛雄风。特别是壁面的千佛砖更加增添了其外形的庄严之美。（关野贞 文）

图 34-1・千佛塔

巾峰塔

台州南部有座山分成东西两峰，总称为巾峰或巾山。两峰顶上各有一座八角五级（译者注：此塔应为六角五级）的砖塔（图34-2），形状相似。

东塔一层一面长约九尺，塔高约八十尺。入口处位于一层西面，有螺旋石级，可登至顶层。塔门之上有题为“文笔摩霄”的匾额，同治乙丑年秋书写。此塔结构简单，无斗拱，每层以菱角牙子叠涩出跳，房顶铺瓦。二层以上每层各面都有花头窗，顶上冠以宝瓶状的相轮。

此塔各层缩减度小，有手法简单、轻快之风。

西塔和前者大致相同，但较小。一层一面长约六尺五寸，皆砖壁，没有入口。

《台州砖录》卷五中载有巾山塔砖识两处，但不知何为东塔，何为西塔。两处砖识

其一 郑承袭舍巾 / 山宝塔砖尧 右前品

其二 巾山宝塔砖 右后品

仅凭此点，砖塔属于哪个朝代，无从得知。同书中又写道：

于克襄《铁槎山房闻见录》：“临海城内有巾子山，山旁有塔。有人在塔旁挖掘，见一铁匣。内存金刚经一部，见风吹散。有剑一柄，镜一面，镜面有乾道年号。……按塔有乾道间镜，当即其时所修。郑承袭不知何人。”

乾道是南宋孝宗的年号，其元年是公元1165年。这两座塔大概是那时候建的，康熙年间（1662—1722）重修（《台州砖录》），同治乙丑四年（1865）又再次重修。

图 34-2 · 巾峰塔

福建福州

FUZHOU CITY OF FUJIAN PROVINCE

般若台铭

般若台位于福州城内乌石山，铭文刻于华严岩顶。这座般若台为唐朝大历七年（772）监察御史李贡所建，铭文由李阳冰所书。《金石萃编》作者王昶引证《天下舆地碑记》所云："与《处州新驿记》《缙云县城隍记》《镜水忘归台铭》并四绝，乃世之瑰宝。"又引《金石文字记》所云曰："闽中古刻绝少。鼓山题刻如麻，然无一唐刻。惟此铭于三山（译者注：即福州）为最古。"盖闽中现存唐碑唯"贞元无垢净光塔碑"与此"般若台"（图35-1、图35-2）二处。此台原属神光寺，如今此寺已不存在。乌石山山腰摩崖石刻的铭文里仅存该铭，铭文如下：

般若台。住持僧惠摄。大唐大历七年著作郎兼监察御史李贡造。李阳冰书。

李阳冰擅长篆书，据说其笔力超过篆书祖师秦相李斯。李阳冰题篆的芜湖县的谦卦、仙都山的黄帝祠额和无锡县惠山的听松二字均被收入《金石萃编》中。清朝黄任的《般若台篆字歌》（译者注：此处应为《李阳冰般若台篆字歌》）一诗中有"后来歇绝六百年，纷纷作者谁其偶。有唐大历李少监，千秋擅名挂人口"句。又有"山川终护虫鱼文，雨淋日炙不得朽。文字千秋面壁书，此是西来无量寿"句，可谓赞美至极。拥有该名诗的神光寺是五代王审知创建的名刹、寺中有座七层的南报恩塔，但现今已不见其踪影。关于神光塔，在黄滔的定光塔碑文中有所记载。（常盘大定 文）

图35-1·乌石山·般若台铭

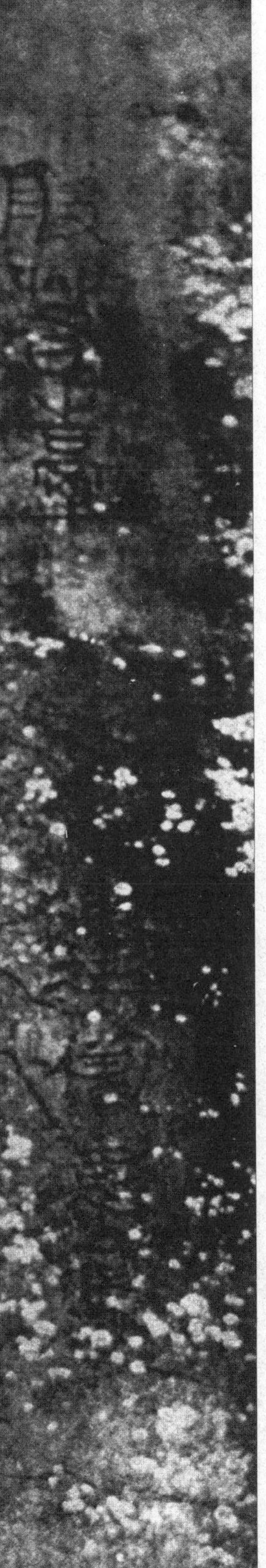

图 35-2・乌石山・般若台铭・拓本

越王山

《福建通志》卷之三中之侯官县条目下记载有越王山(图36-1)的条目，曰府城北隅，半隔城外。东临冶山，一名屏山，或曰平山，是闽越王无诸的旧都，唐刺史裴次元辟球场于山南，构亭为记。有望京山、观海亭、双松岭、登山路、天泉池、甋琴台、筋竹岩、枇杷川、荻芦冈、桃花坞、芳茗原、山阴亭、合清洞、红蕉坪、越壑桥、独秀峰、筼筜坳、八角亭、椒磐石、白土谷、涟漪亭、东阳坡，分路桥、乾冈岑、木瓜亭、石堤桥、海榴亭、松筠陌、夜合亭，凡二十九景。还有饮马池、越王井、曲水荅、泉琴石、环峰亭、绝学寮等名胜。山顶上还有“样楼”(译者注:即镇海楼)，详见宫室部。

在同书卷之六十二的古迹条目中，关于样楼有如下记载:位于府城的北越王山上。明洪武二年(译者注:应为明洪武四年)，驸马都尉行省参政王恭命、指挥李惠等，修建福州府城，建楼橹。先在山颠建一楼，名为屏山楼，后又改名为样楼。又名镇海楼，原来有翠涛亭，毁于火灾。国朝康熙初年重建。后又毁。后由总督姚启圣、郭世隆相继重修。(常盘大定 文)

图 36-1・越王山

闽王庙

闽王庙位于福州城内、在庆城寺的东边，主祀五代琅琊郡王，后为闽王、忠懿王的王审知。王审知的墓在莲花峰下。最初王审知的夫人任氏葬于闽县凤池山，忠懿王在同光三年（925）去世后也葬于此。但到了同光四年，改葬于永福山，即遵化里莲花山。墓前有张文宝撰文的后唐赐神道碑。

《福建通志》卷之十五的祠祀条目下，关于琅琊忠懿王庙（匾曰“功肇人祖”）有如下记载：

在郡治东，庆城寺之左。闽王审知故宅，有唐季侍郎于兢撰《琅琊王德政碑》竖庙门内。晋天运三年，闽地入吴越，钱氏命即王故第立庙祀之。宋开宝七年，刺史钱昱新其庙，立石以纪，并塑故都押衙程赟、建州刺史孟威等一十六人配食。政和元年郡守罗畸修复，绍兴中，郡守张守相继修葺。明万历二十八年，诏修帝王祠庙。王裔孙诸生一腾请于抚按重修，转运副使王亮亦王裔孙，董其役。四十年，巡抚丁继嗣重修。国朝康熙元年，巡抚许世昌重修（后有遗漏）。

现在的闽王庙因为是以奉诏修建的琅琊忠懿王王审知德政碑为主的庙宇，所以虽然庙不大，但进门之后，可以直接看到德政碑端然立于其中。其长度约达一丈五尺。虽然经过千余年的风雨吹打，但只有一点损伤，现存的碑仍然宛若当时。这确实是研究闽王的无比珍贵的史料，也是记载当时文化的遗物。庙中有宋开宝九年（976）建的福州刺史钱昱撰文的重修忠懿王庙碑，还有清朝王士任的重修闽越王庙碑记。钱昱的撰文收入在《福建通志》卷七十三里，王士任的收入在《福建续志》卷八十三里。（图36-2）

闽王家代代信奉佛教，特别是王审知，是开发闽越佛教的功臣。王家家谱有很多异说。比较对照《十国春秋》、新旧《五代史》、《宋史》、《释氏稽古略》、《佛祖通载》、《金石萃编》等典籍，大致可以明白一些。关于王家与佛教的关系，《佛祖通载》中误谬较多，《五代史》《宋史》中没有关于佛教的记载，将《十国春秋》《释氏稽古略》的记载与现存的实物对照，能明白许多。根据上述的史书所得王家家谱如下：

根据以上家谱，可知王氏共有七位家主，延续

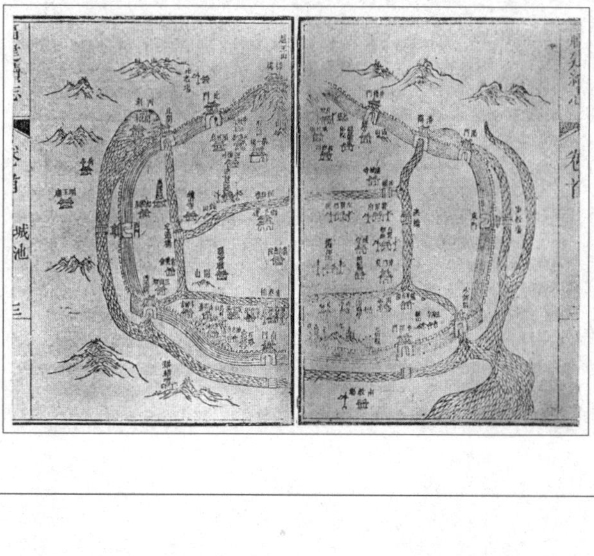

福州府城三山全图（《福建续志》）

- 司空王潮（893—896）
- 武肃王审邽
- 太祖王审知字信道（897—925）
- 王延翰（926）
- 惠宗王延钧（改名鏻）（927—933） 龙启
- 康宗王继鹏（改名昶）（934—938） 通文
- 景宗王延羲（改名曦）（939—942） 永隆
- 天德帝王延政（继昌）（943—946） 天德

（右侧为年号）

五十三年，但亦有五十五年、五十六年、六十年、六十一年等各种说法。正如旧《五代史》中将此归入僭伪列传中那样，因为不是天下公认的，所以关于建国的起点和灭亡的年份有异说，才会有此番诸说。前表主要是依据《十国春秋》整理的，七主中和佛教关系特别重要的人物是王审知和王曦。（常盘大定 文）

图 36-2・闽王庙・门

王审知德政碑

王审知，公名审知，字信道，王姓。原是琅琊人，是秦将王翦第三十四代孙。唐贞元年间（785—805）为光州定城宰。善于教化民众。把家迁到固始，变成了固始人。王审知有两位兄长。长兄名王潮，次兄名王严（译者注:应该就是指“王审邽”），与王审知一起被同乡称为“王家三龙”。然而次兄于景福元年（892）病逝（译者注:时间、人物均有误），长兄于乾宁三年（896）得病，先于审知去世。王审知成为威武军节度使。于外凭得用兵妙法平定四方，于内以仁和为旨教化民众。故此碑称德政碑，（图36、图37）以此可知当时教化之普及。其德政发源于笃敬三宝。天祐元年（904）在福州建“报恩定光多宝塔”，天祐三年（906）又铸一丈六尺高金铜佛，正是其笃信佛宝之表现。天祐二年（905）将大藏经五百四十一函五千零四十八卷藏于寿山，也是其信奉法宝的表现。另外，他还护持雪峰僧人义存，把慧稜迎到长庆，把神晏请到鼓山，这些都是其尊崇佛宝的表现。文中关于这些情况写道:“奉大雄之教，崇上善之因，象法重兴，道师如在。虹梁雕拱，重新忉利之宫;钿轴牙签，更演毗尼之藏。而又盛兴宝塔，多舍净财。日丽飞甍，霞攒彩槛。顽艳回向，远迩归依。用俾群缘，皆同妙果。”赞美如许，确为其来有自。闽域的佛教因王审知而得以兴隆。这么说一点都不为过，因为王审知确实是闽域佛教的大保护者。碑文是由于兢奉旨撰写，天祐三年（906）丙寅获准敕建。此碑由王倜书写。据《福建通志》记载，王审知卒于后唐同光三年（925），享年六十四岁。此碑是他四十五岁时，僧众百姓至朝廷请旨所立，现存在福州城内闽王庙中。

王审知与佛教之关系在“报恩定光塔碑”中有更详细之记述，可一并参考。（常盘大定 文）

有关忠懿王之谥号于此有必要一说。吾人耳熟能详者，乃吴越国忠懿王。然而令人颇觉有趣者，乃与吴越之地相邻，几乎在相同时代的闽越国，亦有一位忠懿王。特别引人注目的是，其与佛教之关系与吴越王大可比侔。吴越国王的系谱如下所示：

- 武肃王钱镠（907—932）
- 文穆王钱元瓘（933—940）
- 忠献王钱弘佐（941—947）
- 钱弘倧（947）
- 忠懿王钱弘俶（948—976）

吴越国的这几位国王都是佛教信徒，特别是最后的忠懿王把天台山的德韶尊为国师，把道潜请到西湖灵隐寺，把延寿迎到永明寺，造了八万四千座宝塔。在西湖南屏山建雷峰塔，到高丽、日本求佛教典籍等。其建设规模之大，于今在西湖所见的诸多遗址可证。所见到的石塔或石幢上刻着“天下大元帅吴越国钱俶”都是指忠懿王。吴越的佛教能有今日，忠懿王的功绩绝对可以说是占绝大部分的。

但是在福州城内外，鼓山、西禅寺等地的佛教今天还非常富有活力，这其实是闽王王审知在当时奠定的基础。关于王审知有忠懿王之谥号这一点，根据吴越忠懿王的侄子福州刺史钱昱（钱俶之兄、忠献王钱弘佐之长子）的撰文中提到的闽王谥忠懿王庙碑可知，故毫无疑问。闽越国在吴越忠献王钱弘佐时期，归于吴越王的手中。至忠懿王钱俶时，最初委托其叔元璜治理;开宝七年（974）始，又委托其侄钱昱治理。钱昱将王审知故宅改为忠懿庙，并在此立碑。王审知去世和钱俶去世之间相差五十三年，因此建碑的时候钱俶并没有忠懿王谥号，这一点是很明白的。虽是相继下赐的同名谥号，但到了后来，仅吴越的忠懿王名声赫赫，闽越的忠懿王几乎消失在历史中。但是纵观前后，对于有与邻境相同的“忠懿王”之谥号这一点却让我们感到很奇异。

关于王审知施行的佛教举措，可分为保护高僧和造塔写经两种。由于王审知的保护而充分施展宏图的禅师有前面提到的雪峰义存、玄沙师备，其后还有鼓山神晏、长庆慧稜、安国弘瑫，再后还有安国慧球。闽域的佛教从此昌盛。虽说其根源在于雪峰义存，但如果没有王审知的护持，是无法发展到如此地步的。总之，是王审知和雪峰的因缘会合的结果。关于王审知造塔写经的措施，在文献上已经明了:第一，天祐三年（906），四十五岁之前，为了皇帝修建了寿山塔，为了祖先修建了报恩定光塔，为了军队修建了大中塔，为了人民修建了神光塔;第二，缮写五藏，其二藏上呈皇上，其三藏存寿山、定光寺。又刻金银字《四藏经》;第三，为释迦、弥勒等诸佛铸造三丈六尺高的金铜像。王审知死后约一百五十年，即在宋朝元丰三年（1080）以后，在福州城东禅寺和开元寺两处，完成了两部《大藏经》的雕印大业。这便是闻名于世之福州本。《十国春秋》贞明五年（919）条目下注:“王氏雅重佛法，增闽僧寺凡二百六十七。后属吴越，首尾二十七年，复建寺二百二十一。”继王审知后的惠宗王延钧时期，有过缮写经书二百藏之举，大概是应多数寺院的要求吧。于此可看出《大藏经》福州本雕印之经纬。而且其根源应该说在于王审知缮写的九藏。（常盘大定 文）

图 37 · 闽王庙 · 王审知德政碑

图 38 · 闽王庙 · 王审知德政碑 · 拓本

文庙

在《福建通志》卷之十八中，出现福州府儒学（在城南兴贤坊）、闽县儒学〔在九仙山（译者注：即于山）之麓〕和侯官县儒学（在县治东官贤坊）三所学校。这里所登载的照片应该是位于九仙山脚下的闽县儒学吧。关于这一点，同书的有关记载如下：

位于九仙山脚下，中间是大成殿。

以城南为戟门。又以南面为棂星门。明伦堂在大成殿的后面。其大门向东，左右两斋舍称为居仁、由義。教官的住宅在学官住处的后面。尊经阁在教官住宅的北面。诸生的学舍、朱廪、馔堂皆备。

闽县学堂始建于宋庆历年间（1041—1048），后知县方叔完、庄谊重修。元朝至元年间（1264—1294）被毁。学官丁尧重建。其后知县尹昊鼎、张德、教谕陈振玉、学官高子琳、景说明、御史陈仲述、副使李惟益、御史陈永复、丁澄、顾俨、尹仁、佥事钟珹、知府郑时、唐珣相继修建。顺治十八年（1661），知县周雍时移县治于学官，概行毁废。仅存文庙（图39、图40）、明伦堂。年久倒塌。康熙二十年（1681），知县祖寅亮、教谕顾纶赞请于上官，合绅士同力修复，又移建文昌阁。教谕住宅在明伦堂的右边，训导房在明伦堂的左边。雍正元年（1723），奉诏建崇圣寺于大成殿右；九年（1731），知县张堂、署县同知杨瑞祥、教谕黄呈元、训导黄席正请于上官，申请重修大成殿。

原来岁试取文武童生各十五名，科试取文童十五名进学。雍正二年（1724）奉诏准照府学录取岁科两试文童各二十名进学。学田原额一千八百四十八亩一分零，位于鼓山，北合二里，实征学租银五百三十二两二钱三分零。康熙二十一年（1682），总督姚启圣捐赠置田二十六亩二分零；五十六年（1717），巡抚陈瑸捐赠置田八十六亩一分零，位于高惠里、归善里、崇贤里等。

在《福建通志》卷之十五的福州府的祠祀条目下，关于文庙的情况，有如下记载：

在郡学内，崇祀至圣先师孔子，在堂的左右列祀四配十哲。国朝康熙五十三年，升先儒朱熹位居十哲之后，两庑均列祀先贤先儒。

阙里砚宽亭藏版《圣门乐志》中有乐器图，图中包括如下乐器：麾旛、上有升龙、降龙二旛、楹鼓、悬鼓、鎛钟、特磬、鼉鼓、田鼓、鼗鼓、搏拊、柷、敔、编钟、编磬、凤箫、笛、琴、瑟、管、笙、篪、埙、箫，都是圣门乐志中的乐器。图41中所见的乐器从右到左依次是敔和柷、琴和瑟、四鼓，后面的是在八佾舞中使用的盾和斧。关于《圣门乐志》，见以下说明：

柷——每奏一曲之始，听麾生唱毕，两手举止，先撞底一声，次击左旁一声、次击右旁一声、共三声以举乐，堂上堂下之乐，俱统命于柷。

敔——每奏一曲之终，听悬鼓响毕，即两手举籈先击其首者，三次逆栎龃龉者，共六响以止乐，堂上

堂下之乐，皆听命于敔止。敔是类似虎的动物，其背上有逆毛，以此比拟用竹扫帚将杂物扫去。

琴——八音中以丝为君，丝以琴为君，而琴以中徽为君。中徽者，第七徽也，其位黄钟中声寄焉。若求其中，则寓于弦弦之紧慢，紧慢适中，其声自出，是声乃声之元，天地之中，声万世作乐之大根大本也。

瑟——二十五丝各设一柱，第十三弦居中为内外清中之界，谓之君弦，弦居所不动，其余柱弦游移不定，前其柱则清，后其柱则浊，上下以笙和其音，以外十二弦具十二中律，内十二弦具十二清律。

鼍鼓——在殿陛之下，先出三百六十数，警戒后又击一通，以节其进。

楹鼓、足鼓、鞉鼓——堂上左右共四架，每奏一曲之终，听编磬响毕，先出楹鼓一响，足鼓应之，鞉鼓尾之，凡三响三应三尾。（常盘大定 文）

图 39-1 · 文庙 · 内门

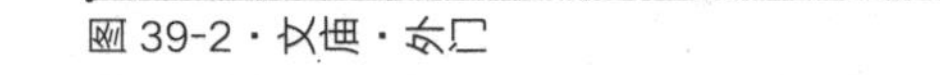

图 39-2 · 文庙 · 外门

图 40-1 · 文庙 · 正殿

图 40-2・文庙・廊柱

图41・文庙・乐器

九仙山 | 万岁寺

位于福州城内东南隅九仙山脚下。九仙山乃福州三山之一。寺中有塔，系后唐天祐元年（904）琅琊王王审知所建，七级，称定光多宝塔。后梁开平初（907）奏请为祝祷圣寿，改称万岁塔寺。宋熙宁八年（1075）建立千秋堂，乾道九年（1173）改为华峰堂。其后沿革不明。现今为鼓山涌泉寺的廨院。作为福州功德林的所在地，是福州佛教界的中心之一。浮图是木造的，有七级。通称白塔。从远处就能望见此塔，因此给福州城平添了一种情趣。（图42）详查万岁定光之名称，寺应称万岁，塔应称定光。关于该塔，幸运的是在《福建通志》卷七十三中，登载着黄滔的福州报恩定光塔碑的长文。据该文可知王审知对佛教的信念、建塔的理由。把它与德政碑对照，可以明白王审知对闽越佛教文化的发展做出的贡献如何之大。

碑文先举出王审知建造寿山、定光两塔的动机：

天复辛酉元年(901)，天子(昭宗)西巡，岐、汴交兵，京洛颙颙。我威武军节度使、相府琅琊王王公，祝天地鬼神以至忠之诚，发大誓愿，于开元之寺造塔，建号寿山。仍辅以经藏，乞车驾之还宫也。

其后三年甲子（实为四年），即天祐元年（904）：

以大孝之诚，发大誓愿，于兹九仙山造塔，建号定光。仍辅以经藏，为先君司空、先秦国太夫人、元昆故司空，荐祉于幽阴也。

接着还提到当时对塔的信仰和王审知建定光塔于九仙山之风水观念：

释之西天谓之窣堵波[译者注:窣堵波是古代佛教特有的建筑类型之一，主要用于供奉和安置佛祖及圣僧的遗骨（舍利）、经文和法物，外形是一座圆冢的样子，也可以称作佛塔]，中华谓之塔。塔制以层，增其敬也。造之获无量无边功德。我公有藩维，谋远大。谓闽越之江山奇秀，土风深厚。而府城坐龙之腹，乌石、九仙二山耸龙之角，双立空际。怪石如墉，气色蒙茸，风云蓬勃，非仙宫佛寺不可以乘龙之角、大龙之腹。乌石山有二塔而九仙山无一塔，何以待我公？遂从宏愿，启兹塔之基焉。

接下来写定光塔之建造方法。建塔时应避免山之偏、地之入，即：

将堑平壤五十尺之深，百有余尺之阔，杵土积石而上，逮二十尺。俄以珠宝之获，大不及拳，光能夺目。举闽之军，倾闽之俗，以趋以走，以歌以咏。既而畚锸投，般倕奋，内甃以砖，凡四十万口;外沟以木，盖百其巧。七层八面，方七十有七尺，高二百尺，相轮之四十尺参之也。悬轮之铎一百九十，悬层之铎五十有六，角瓦之神五十有六。门门面面，缋以金像。共相轮也。我公誓愿之日，仲氏司徒自清源闻而感，铸而资。虽从人力，悉类神功。

接下来写命名的缘起：

谨按《妙法莲花经》，自地涌塔于佛之前。乃多宝之佛发大誓愿之感现也。是以斯塔取如来之嘉号，号之曰定光。以其感珠之现，侔于自地之涌，故联之于多宝。本于孝思荐劬，故冠之以报恩，此其义也。

接下来详细写了以塔为中心的万岁寺的规制：

其东则翼以经藏焉。八角两层，刻栴檀，镂金铜。仍卫以华堂七间，名之转经焉。又感应天王殿，中塑毗沙门天。其西则翼之别殿曰塔殿，其塔中安十三层塔。我公萌誓愿之先，因心以制。其北则报恩变相堂九间，一一标如来之说。又僧堂五间，上五间，下之与茶室五间，直联曲交，冬温夏凉。又华钟之楼，迥起清音。其东南之一臂，复建地藏殿，一间两厦。功德堂五间，僧堂五间。公厅四门一厦，乃我公聚僧设会，拜首追祝。勤勤恪恪，罔所不至。举闽之高卑，举闽之少耋，盖以孝教民也。又库厨五间，浴室三间。环周辐辏之行廊，凡三十有三间。丛为一宫。

接下来写到建塔开销六万余贯。

再接下来谈到藏经：

其经也，帙十卷于一函，凡五百四十有一函。总数有五千四十有八卷。皆极剡藤之精，书工之妙。金轴锦带，以为之饰。天祐二年，我公大陈法会，以藏其经。缁徒累千，士庶越万……幡花照乎全郭，香烟连乎半空……

接下来写到王审知的仁政，记录其儒释观：

我公大读儒释之书，研古今之理。常曰：文武之与释氏，盖同波而异流。若儒之五常，仁义礼智信。仁者含弘也，比释之慈悲为之近；礼者谦让也，比释之恭敬为之近；智者通识也，比释之圣觉为之近；信者直诚也，比释之正直为之近；而义者杀也，其为异物诸武之七德。至如戢兵、保土、安民、和众之类，在于释，然则皆谓之烦恼。

接下来又谈到立于儒释之上的王氏的心愿：

吾父，国也；子，民也，朝为社稷之计，暮作稼穑之念。若俾求智慧火，乾烦恼海，则非吾之所能。若建金地，缮金文，陈法会，一众僧。冀不可思议。乃吾之所志也。

关于王氏的佛事设施是如此描述的：

于是月陈三斋，时或雪峰之僧，围绕千徒。卧龙之僧，围绕五百。必致菩萨化身，罗汉混俗以降也。时人谓灵山之会日俨矣。

接下来写到王氏对塔寺的增修：

又以府之寺，至于清源，或存或烬，或抽金积俸，增而新之。而府之开元、大中、神光三寺之塔数，与寺俱焉。新于大中神光，乃规旧制，而精宏壮，则迈前时。开元则辅之经藏，加之转轮之盛，尊大君也。定光多宝报恩于劬劳，故以砖。谓山度之材，有蠹朽之日。火化之壤，无销铄之期。

以上叙述乃萃取碑文之大要。该文献实为难得，可谓将王审知之佛教信仰、所建设施、详细经过悉数记入。如其所言，安民和众谓之"烦恼"，虽并非恰获佛意，然利用宗教、道德引导民众，是王氏获德政碑之主因。陈斋之时，被一千僧众围绕的雪峰僧人无疑就是雪峰义存，被五百僧众围绕的卧龙僧人就是玄沙师备吧。当时作为卧龙山的名僧有卧龙山安国院的弘瑫、慧球。弘瑫是义存门下的俊才之一，据《景德录》第十九可得知为闽帅王审知邀请来的。慧球是玄沙师备的高足，据《景德录》第二十一记载，可知他和闽帅王审知有关系，继玄沙后进入卧龙。雪峰、卧龙、鼓山是当时闽境中规模最大之修禅道场。

据清代为霖禅师撰写的《重修万岁塔记》（《餐香录》卷下所载）载：

建砖浮图七级，高一百五十尺。自梁至今垂千载，兴修不一，弗可考也。崇祯间，住持静庵，尝募缘重修。顺治己亥，飓风大作，层级剥落，且有大榕，生于堂之上级。静庵之孙一微，克承先志，乃谋诸封君方公克之。公慨然捐金倡缘，诸宰官善信各乐赞助。起手于康熙二年癸卯五月甲戌，落成于七月庚辰，共费白金二百余两。内外坚密，足垂永久。

由此可知，此塔系康熙初年（1662）重修，现存的塔是后来再修的。据《福建通志》卷六十六《杂记》记载，明嘉靖十三年（1808）二月十九日，雷电震击万岁寺，定光塔着火，火光照亮数十里，塔顶的铁鼎瞬时坠地。从为霖禅师的记载可推测，他所见的崇祯重修之塔是嘉靖这场雷火之后的。

如此看来，该塔该寺与王审知所建塔寺相比，不及十中之一。然塔寺并存，有功德林，与佛教声息相通，可谓远承王审知之精神。

现存寺庙以天王殿、大雄宝殿为主，纵横交错，密密匝匝，几无缝隙。塔有八面，各层都涂有白灰，上面画着佛菩萨像。这就是白塔名称的由来。

大雄宝殿屋顶下方，不留丝毫缝隙的柱间斗拱是福州建筑的一大特色。这样的斗拱在诸如文庙、城隍庙里一定能看见，中间因此有藻井。与其说其木材丰富倒不如说其建筑奇构。（图43、图44-1）天王殿前有个带顶的香炉。（图44-2）（常盘大定 文）

图 42・九仙山・白塔・远望

图 43 · 九仙山 · 万岁寺

图44-1·九仙山·万岁寺·白塔

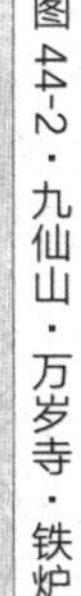

图 44-2・九仙山・万岁寺・铁炉

乌石山

石塔寺 | 崇妙保圣坚牢塔

崇妙保圣坚牢塔位于福州城内西南隅的乌石山脚下。乌石山是福州三山之一。乌石山脚下原来有神光寺，寺内有七层的南报恩塔。神光寺的东边有南涧寺，石塔寺在南涧寺的东边，现今寺址已成民居，仅存该塔。寺废于明朝嘉靖以后，清顺治六年（1649）重建，现今虽然大雄宝殿、客堂的形状仍然存在，却已被充作政府用地了。塔与东南隅的白塔相望，给福州城增添了一道风景。（图45）塔是唐贞元十五年（799）观察使柳冕为德宗皇帝祝寿祈福而建造的，当时称作"贞元无垢净光塔"。东晋天福六年（941），由王延曦重建，改名"坚牢塔"，就是现在的这座塔。关于唐塔和晋塔的异同点留作后叙。第四层嵌有题为"崇妙保圣坚牢之塔"大字的黑色大理石塔碑。左右各有一行字，可惜被后人刮掉了，仅留下"眷属……庶发心敬造""□□一年岁在辛丑十一月八日建，司空开国男食邑三百户，臣刘怀进、勾当捧圣军将检校"的文字。（图47）另外，在第五层嵌有刻着塔记的石头，文中有"三年岁次辛丑冬十一月"的文字。通过对照两者，可知是闽越的永隆三年（941）建立的。据《福建通志》记载，此塔在明代屡屡修缮，清代顺治六年（1649）重建。

塔记由林同颖撰文，僧人无逸书篆。看过塔记，可以了解建造此塔的原因和塔名得来之缘由。塔记写道："我当今睿明文广武明圣光德隆道大孝皇帝（王曦）于永隆三年十一月君临域内，南面城中，西来山左，安之窣堵，镇此高岗。是月八日峻址环开，凿鞭来之巨石，状涌出之浮图。凡一十六门七十二角，并随层隐出诸佛形像，共六十二躯。"这是建塔的缘由。还写道："设使王曰：'毗沙，擎应不动，台称垒土，比则非牢'"，这是加入"坚牢"之名的理由。（图48）

今塔是八角七层。（图46）大概重修时削减二层所致［译者注：其真实原委是原计划建造九层。天福九年（944）因下属政变，王曦被杀，塔仅建七层即告结束］。七层的各六面都嵌有刻在黑色大理石上的容颜端严的佛像。每层统一供奉一佛，自下而上依次是：金轮王佛、弥勒佛、无量寿佛、多宝佛、药师琉璃光佛、龙自在王佛、释迦牟尼佛。（图49、图50、图51、图52）当初有十六门，刻六十二尊佛，但现今来看只有七层十四门四十二尊佛。当初有十六门，应该是到第八层为止各有两门，第九层有六尊佛，内部还有八尊佛吧？在塔的各处，除了塔名、塔记外，还有许多石刻。

第七层刻有诸官夫妻大约十六人的别名，如"明威殿使金紫光禄大夫检校司空守左骁卫大将军兼御史大夫上柱国上党县开国男食邑五百户连怀义，妻吴郡县君朱氏"，大概是永隆三年，石塔建成时的捐

资者之名吧。（图 55-1）

在七层七佛的旁边，还各自刻有各尊佛名，而且还伴有捐资祈福者之名，如第七层的佛名是“南无释迦牟尼佛”，捐资祈福者就在第六层刻上“女弟子□□尚氏十五娘，为自身伏愿竺乾诸圣，长开桓福之门”的字样。

石塔第一层的一部分是明代重修的。它的偶角使用与其他层不同的石柱，此处刻有天众（图 53-1），旁边写着“天启元年春立”。这是明代天启年代重修的证据，旁边还刻有“信士朴洪范祖母罗可端喜舍”的字样，表示是明代的捐资祈福者。另外，石塔第三层的磴道和天井如图 53-2 所示。

石塔建造发愿者王曦是王审知的小儿子。王曦，初名延义，后改为曦。虽然石塔是永隆三年（941），即东晋天福六年（941）建造的这一点已明白无误，但是从清楚地刻着王曦的谥号这点来看，其塔名及塔记大概都是在王曦死后才刻上的。碑上的文字多处被故意刮掉，大概是觉得写着闽王的谥号以及诏敕用语不好的缘故吧。（常盘大定 文）

图 45 · 乌石山 · 石塔 · 远景

图 47・乌石山・石塔・塔铭・拓本

崇妙保聖堅牢塔記

崇妙保聖堅牢塔記

右[illegible]神光寺文章應[illegible]柱

夫古之塔者兒童聚沙授記開諸

今之塔也非寶非沙弥堅弥大藝

但有心物亦無體心以不貪為戒

我[illegible]光德隆道

雖曰惣[illegible]萬機且[illegible]彰行

天猶吾[illegible]基搆之肯承亦栽梯

三年歲次辛丑冬十一月上

林縈蘙薰滿國以馨香華優茇

高崗是月八日峻址環開貞姿

月良工告成凡一十六門七十二

軀懸是影龕千室猶超潤礎之隅

嶽因之永固也山為之一空設使

非牢[illegible]作之者莫與爭功目之

辛瞻八面之貞明相高

確論宏規虛忝堅令善誌卻於文

琰唯深韋美敢直言之隆

翠[illegible]神光寺長講兩經三

图48・乌石山・石塔・崇妙保圣坚牢塔记・拓本

图 46 · 乌石山 · 石塔 · 全景

图49·乌石山·石塔·第一层·金轮王佛

图 50-1 · 乌石山 · 石塔 · 第二层 · 弥勒佛

图 50-2 · 乌石山 · 石塔 · 第三层 · 无量寿佛

图 51-1・乌石山・石塔・第四层・多宝佛

图 51-2・乌石山・石塔・第五层・药师琉璃光佛

图 52-1 · 乌石山 · 石塔 · 第六层 · 龙自在王佛

图 52-2・乌石山・石塔・第七层・释迦牟尼佛

图 55-1 · 乌石山 · 石塔刻文 · 拓本

图 53-2 · 乌石山 · 石塔 · 第三层 · 磴道 · 天井

图53-1・乌石山・石塔・第一层・隅柱・四天王之一

无垢净光塔铭碑

乌石山脚的石塔塔内刻有崇妙坚牢塔之名，它兀然耸立在空中，俯视着福州城，默默诉说着千载兴亡。石塔下杂草丛中，有一块经过风雨侵蚀的巨大石碑。这就是无垢净光塔铭碑（图54、图55-2）。铭文是贞元十五年岁次己卯（799）庾承宣撰写的。根据铭文记载，可知此塔是为了祝贺德宗诞生的良辰、太平二十一年的昌运，报达君恩，由观察使柳公和监军使鱼公共同谋划建造的。铭文中有："报君莫大于崇福，崇福莫大于树善，树善莫大于佛教。教之本，其在浮图。"据此可知建塔的目的。撰文者庾承宣的传记不明，但柳公传存于《唐书》中。此处的柳公指的就是柳冕。柳冕，字敬叔，博学，深谙文辞，贞元十三年（797）任福建观察使，此碑正是他在福州任职时所建的。

唐朝的净光塔和五代的坚牢塔是相同的还是不同的，换言之，即王曦之建塔是唐塔的重建还是另建？关于这个问题有必要细致考察。《金石萃编》卷一百零四中引用的梁克家《三山志》里写道："石塔寺在州西南，贞元十五年，德宗诞节，观察使柳冕以石造塔，赐名贞元无垢净光塔"。其后的各种书都以此为据，《福建通志》卷六十二中提到石塔寺："唐贞元十四年，德宗诞节，观察使柳冕以石为塔，启祝，赐名'无垢净光塔'，闽王曦重修。"还提到净光塔铭："唐贞元十五年，德宗诞辰，观察使柳冕建塔九层，赐名无垢净光塔。"还说到坚牢塔记，写道："即无垢净光塔，晋天福二年闽王曦重建。"在该记载中都提到重修或重建。虽然重建就如新建，但因为净光塔本身是石造的，对照坚牢塔即净光塔之说法，重修之意毋庸置疑。《金石萃编》著者王昶认为，根据既有坚牢塔记文义，应为新建而不似修旧。且对旧塔只字不提。故对《福建通志》两塔一致之说颇堪存疑。实际上铭文中难以认可有证明是"石造"的文字，反而有"役无告劳，功用斯毕""比金刚而难坏，与劫石而齐坚""周其基阯，下现磐石""与劫石而齐坚""基阯下现磐石"之语，证明塔非石造。反之曰无劳役之苦，恐因木造所为。《宋高僧传》的《兴福科》中提到，担任慈忍济物的福州爱同寺的怀道获得宝珠一颗，后认得是舍利，遂分纳于南涧塔中。南涧寺紧挨着石塔寺。当时的南涧塔大概就是这个贞元净光塔吧。而从贞元十五年（799）开始至永隆三年（941），经过了一百四十二年，木塔应该早已不在了。如果此塔是木塔的话，那么王曦建造的石塔不用说一定是新建的，在其塔名和塔记中显示其自豪之感也应该说是理所当然的了。当时的闽越独立只不过是历史上的一次波澜，人生的一场梦幻罢了。但是这一塔的俨然存在正是当时文化的体现。（常盘大定 文）

图54·乌石山·无垢净光塔铭碑

图 55-2・乌石山・无垢净光塔铭・拓本

怡山｜西禅寺

西禅寺在福州城西门外十五华里的怡山。唐咸通八年（867），长沙沩山的大安禅师住在此处。后改寺名称为清禅，又称延寿。到了唐末，闽王王审知把慧稜禅师请到这里。长兴年间（821—824），王延钧奏请改名为长庆寺。宋景祐五年（1034），敕号怡山长庆寺；政和八年（1118），余少宰深奏为坟寺；现名西禅寺是宣和元年（1119）后的称呼。明宣德年间（1426—1435）重建，明末颓废，清顺治年间（1644—1660）重修。现在的伽蓝大多是后来建造的，轮奂之美，规模之宏在福州城内外位列第一。有藏经楼，藏明清的《大藏经》三部。寺后有慧稜禅师之塔。寺门传承临济宗风至今。（常盘大定 文）

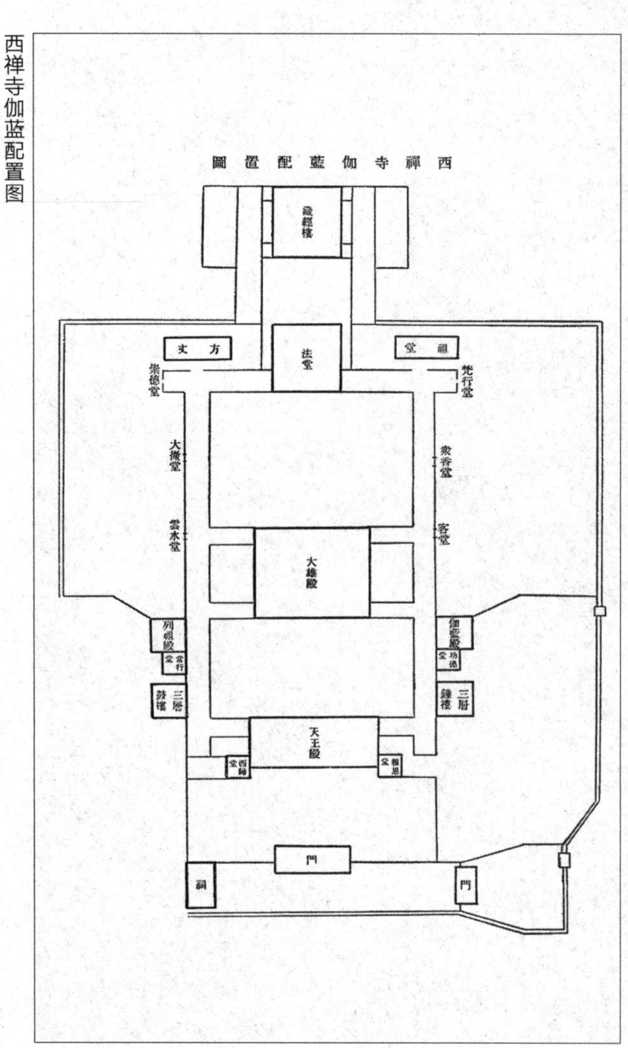

西禅寺伽蓝配置图

怡山大安

关于大安禅师，在《宋高僧传》第十二的《唐福州怡山院大安传》和《景德传灯录》第九的《福州大安禅师传》中，互有相补之处。而关于其圆寂之地，二者又有不相容处。且根据两者的内容为其作传吧。

大安俗姓陈，闽城人。自幼出家黄檗山，专习律乘（《景德传灯录》）。元和十二年（817，二十五岁）敕建州浦城县乾元寺，置兜率坛，始全戒足。时天降祥瑞。刺史元锡上疏。诏改凤栖寺，号灵感坛（《宋高僧传》）。尝自念言："我虽勤苦，而未闻玄极之理。"乃孤锡游方，将往洪州，路出上元。逢一老父。谓师曰："师往南昌，当有所得。"（《两传》）。师即造于百丈。礼而问曰："学人欲求识佛，何者即是？"百丈曰："大似骑牛觅牛。"师曰："识得后如何？"百丈曰："如人骑牛至家。"师自兹领旨更不驰求（《景德传灯录》）。夜闻二僧谈论，遽了三乘之旨。乃以所习，付之同人。之临川，见石巩山慧藏禅师。藏之提唱，必持弓弩，以拟学人。安服拜未兴。唱曰："看箭。"安神色不挠，答对不差。石巩乃投弩曰："几年射，始中半人也矣。"安游五台入龙池沐浴（《宋高僧传》）。后参拜沩山灵祐禅师，躬耕助道。禅祐大师圆寂之时，由于众僧之邀，接踵住持，高唱诸人各自有无价之宝的主旨。在上堂的语言中有"安在沩山三十年来"之句（《景德传灯录》）。当时豫章廉使崔贞孝公深契玄机，飞疏召之。咸通十四年（873，八十一岁），诏宜号"延圣大师"，赐紫袈裟一副。中和二年（882），示疾，三年坐化于怡山丈室，九十一岁。续诏赠"圆智大师"，塔号"证真"（《宋高僧传》）。《景德传灯录》中记载：雪峰和尚因入山采得一枝木，其形似蛇。于背上题云"本自天然不假雕琢"寄来与师。师云"本色住山人，且无刀斧痕"。还写道：师大化闽城二十余载。唐中和三年归黄檗寺示疾而终，塔于楞伽山。是否可以认为黄檗山即大安禅师圆寂之处？

若真如《景德传灯录》所言，大安禅师在沩山三十年，化闽城二十余载，那么他在南昌遇到百丈大师，在临川跟随慧藏，在沩山跟随灵祐，后在沩山住持的时候是四十岁左右。但是灵祐圆寂于大中癸酉岁（七年，853），此时大安是六十一岁，因此其后大安在沩山及怡山两山住持，前后是三十年。据此，《景德传灯录》中写的两山住持共计五十余载有误，必须修正。（常盘大定 文）

长庆慧稜

关于慧稜禅师,《宋高僧传》第十三中与后唐福州长庆院慧稜有关之传记非常简单，不及《景德传灯录》第十八中所说详备，故现在按《景德传灯录》叙述：

慧稜，杭州盐官人，姓孙氏。年十三于苏州通玄寺出家登戒，历参禅肆。唐乾符五年(878)，入闽中，谒西院，访灵云，尚有凝滞。后之雪峰，疑情冰释。遂问:"从上诸圣传授一路，请师垂示。"雪峰默然。慧稜设礼而退，雪峰莞尔一笑。异日雪峰问慧稜:"我寻常向师僧道，南山有一条鳖鼻蛇，汝诸人好看取。"慧稜应道:"今日堂中大有人丧身失命。"雪峰然之。慧稜入方丈参雪峰。雪峰曰:"是什么?"慧稜曰:"今日天晴好普请。"自此酬问未尝爽于玄旨。慧稜在西院问诜上座曰:"这里有象骨山，汝曾到吗?"答曰:"不曾到。"慧稜问:"为何不到?"答曰:"自有本分事。"慧稜再问:"作么生是上座本分事?"诜乃提起衲衣角。慧稜曰:"为当只这个别更有?"答曰:"上座见什么?"慧稜曰:"何得龙头蛇尾?"

慧稜在宣州保福，后辞归雪峰，来往雪峰二十九载。至天祐三年(906)受泉州刺史王延彬请住招庆。初开堂日，公朝服趋隅曰:"请师说法。"师曰:"还闻吗?"公设拜。慧稜曰:"虽然如此，虑恐有人不肯。"于是敷扬祖意，随机与夺。后闽帅(王审知)请去长乐府之西院。奏额曰长庆，号超觉大师。从此上堂，和僧众应酬，每每出人意表。

安国弘瑫和尚新得师号。慧稜去贺。瑫出接，慧稜问曰:"师号来耶?"曰:"来也。"慧稜曰:"是什么号?"曰:"明真。"慧稜乃展手。

保福迁化，有人问慧稜:"保福抛却壳漏子向什么处去也?"慧稜曰:"且道保福在那个壳漏子里。"

闽帅夫人崔氏，奉道，自称练师，遣使送衣物至云:"练师令就大师请取回信。"慧稜曰:"传语练师，领取回信。"须臾使却来，慧稜前唱"喏"便回。慧稜明日入府。练师曰:"昨日谢大师回信。"慧稜曰:"却请昨日回信看。"练师展两手。闽帅问慧稜:"练师适来呈信，还惬大师意否。"慧稜曰:"犹较些子。"曰:"未审大师意旨如何。"慧稜默然良久。闽帅曰:"不可思议大师佛法深远。"

慧稜两处开法，常随徒众有一千五百多人。化行闽越，传法二十七载。于后唐长兴三年(932)归寂，世寿七十九。王氏建塔。据《宋高僧传》记载，判官林文盛为碑纪德。(常盘大定 文)

为慧稜建塔是王延钧时代，但慧稜一生的大部分时期是和王审知有关系的。改西院号为长庆寺，即现存的怡山西禅院，据说是王霸仙人修道的地方。据《十国春秋》记载:王霸是王审知的远祖，因此对于王氏来说确实是个重要的地方。

现在的伽蓝配置如插图所示。进入刻有西禅寺石牌的山门(图56-1)，就是天王殿。中间有弥勒、四天王，如普通寺院。(图56-2)接下来经过大雄宝殿可至法堂。大殿是重檐歇山顶，檐角装饰木制宝草图纹之博风板，以取代檐端风铎。这是只有在福州才能看到的特色。不使用柱头斗拱，梁端有垂花雕饰。大殿的结构潇洒、沉稳。特别是左右两壁各开两扇圆窗，令人感觉明快清澈。(图57)法堂也是重檐歇山顶，比大殿多一些沉重之感。屋檐下的垂花上部增添了绚烂的花样装饰。(图58)

天王殿和大雄宝殿之间有三层的钟楼和鼓楼。(图59-1)还有伽蓝殿、列祖殿，还有功德堂、常行堂。大雄宝殿和法堂之间，中央的砌道上，大雄宝殿的背后，有石球(图59-2)，这是在其他地方看不到的。传说雪峰义存为接化方便，使用了三个石球中的一个。左右是客堂和云水堂。还有众香堂和大彻堂、梵行堂、崇德堂，而法堂的左右有祖堂和方丈。其背后是藏经楼，(图60)有重檐屋顶;如大殿，檐端有宝草花装饰，檐下有垂花饰物。里面收藏着崇祯七年(1634)甲戌敕赐明藏一部、光绪三年(1877)钦颁龙藏二部。还有元藏以及特别刻的诸经。也有康熙大帝御笔药师琉璃光如来本愿功德经，体现了冠头药师经曼荼罗的细密、装帧的绚烂、宫廷写经的特质。其他还有某法师的血写愣严经。背后有堂堂正正的四基墓塔，伴有两座碑。(图61)四塔分别刻有"雪庵妙公源禅师之塔""稜禅师之塔""重兴长庆乐说禅师塔""性慧禅师塔"等文字。两碑之一写着:

重兴长庆乐说辩公禅师塔。康熙三十四年乙亥

鼓山道霈撰、弟子陈宗柏立石

所说的慧稜禅师就是开山慧稜，墓塔是切石筑起的。塔身为长覆钵形，下面为八角基坛，有八角的小盖，上面平放着火珠。(图62)

西禅寺除了近世的两个碑，没有其他十分值得看的碑石了。

长庆寺记碑

长庆寺记碑系清嘉庆五年(1800)长白王德题并书，现位于该寺方丈室入口处。据碑文可知:古刹长庆寺在城西三里之怡山，相传是飞凤落洋的第一福地。寺中有两株古荔，系开山慧稜禅师手植。某日碰巧与同好在此游玩，承住持继云禅师出示寺志，得以拜读高僧旷古之事迹，以及庆晴村将军、钱云岩学使与沈心斋先生原韵诗唱和之诗篇，步前韵而成诗二首，庶及斯寺历久而弥彰。(图63-2)

长沙寄尘上人像碑

嘉庆五年(1800)，庆霖为悼念长沙寄尘上人去世而在西禅寺旁立碑。在方丈室的入口处。据碑文可知:寄尘上人擅长诗画，曾经住持福州城内乌石山天后宫。当时与庆霖结成莫逆之交。后上人跟随册使李墨庄中翰赴琉球，半载归来，数日后得病去世。庆霖怜惜他在异地度过最后寂寞的日子，前往吊唁，请长庆寺的述庵大师将其葬在寺旁的空地上，并将其旧像刻在石头上以作保存。有四篇挽诗，叙述对寄尘上人的诚挚感情。(图63-1)(常盘大定 文)

图 56-1·怡山·西禅寺·天王殿

图 56-2・怡山・西禅寺・天王殿・内部

图 57 · 怡山 · 西禅寺 · 大雄宝殿

图 58 · 怡山 · 西禅寺 · 法堂

图 59-1 · 怡山 · 西禅寺 · 鼓楼

图 59-2・怡山・西禅寺・法堂前・石球

图 60 · 怡山 · 西禅寺 · 藏经楼

图61・怡山・西禅寺・慧稜禅师及另三位禅师墓塔

图 62・怡山・西禅寺・慧稜禅师墓塔

諸嘗松眼與大千法界之諸君子結
翰墨緣爾
西郊古刹號西禪唐代遺蹤不記年花
雨遙聞蓮裏座紅塵頓闢靜中天佛緣
自古渾難解往夢於今未了然世事茫
茫滄海闊一袈裟也無邊鬖風味
道寄心禪往苒韶光耳順年彼岸幸登
瞻慧日慈雲常駐靄
堯天特來法界非虛爾垂老歡場豈偶
然高閣凌雲窺色相春風桃李笑嫣
昔
嘉慶五年嘉平月下浣
長白玉德題並書

古剎長慶寺在城西三里之怡山建自
唐代相傳為飛鳳落洋第一福地余於
乙未冬奉
命來閩案牘紛披無暇選勝庚申緘篆
後偶與同人遊覽觀其廟貌巍峩竹木
叢翠寺中古荔二株高可參天考係梵
秡禪師手植閱唐至今已數百年想見
當日寶珞莊嚴蓮臺花雨不禁穆然有
感矣住持僧從雲出示寺志得悉高僧
繼起古蹟相沿皆歷歷可攷並讀慶晴
村將軍錢雲岩學使追和沈忠齋先生
所韻詩鴻篇[illegible]儷鹿苑刊傳久稱藝林
佳話後有作者踵而和之無斯寺歷久

图 63-2・怡山・西禅寺・长庆寺记・拓本

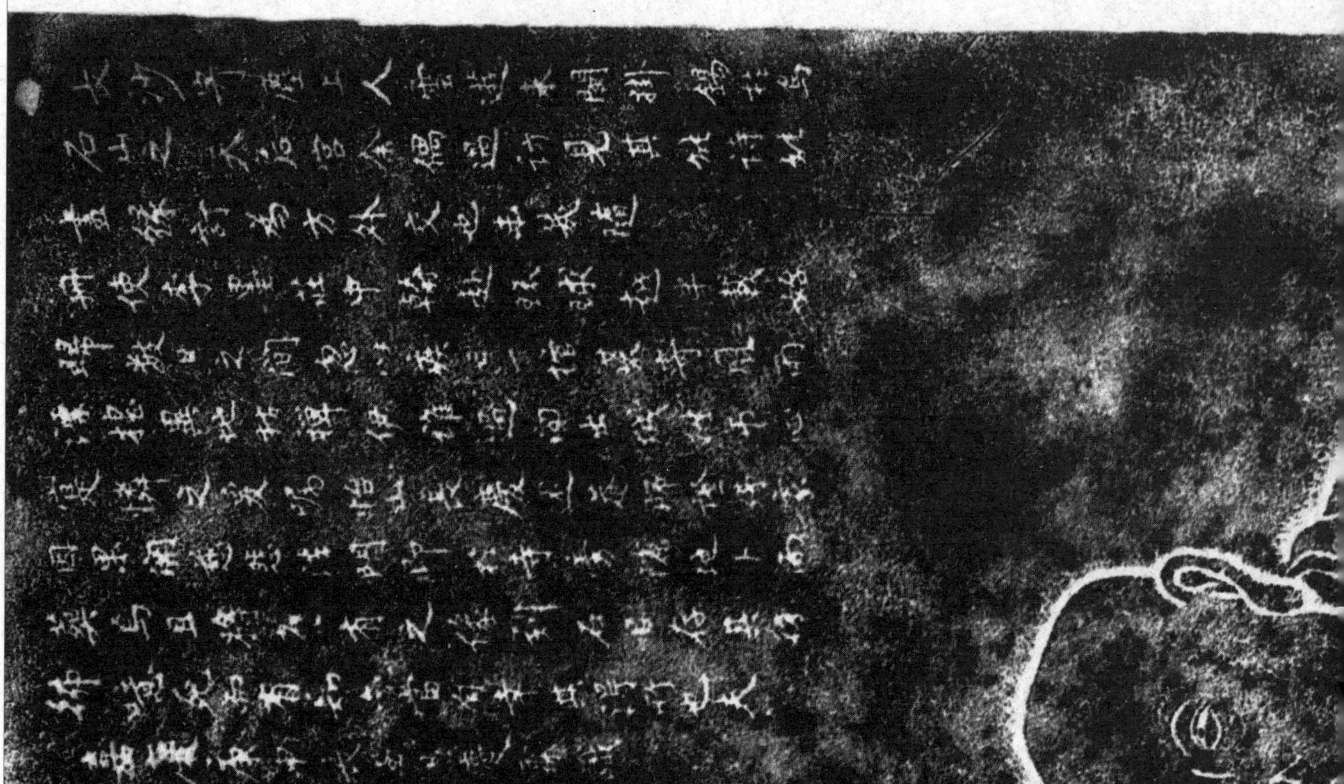

图 63-1・怡山・西禅寺・长沙寄尘上人像・拓本

东禅寺

东禅寺位于福州东门外易里白马山脚。梁大同五年(539),郡人郑昭勇捐宅为寺,名净土。唐武宗废之,改为白马庙。咸通年间(860—874),惠筏在这里居住。僖宗赐号辩才大师。观察使李景温因恢复为寺,号东禅净土。其后钱氏号东禅应圣。宋大中祥符八年(1015),赐号东禅寺。崇宁二年(1103),因进大藏经,而加号崇宁万岁寺;同是宋徽宗时,赐号及大藏经板和御书。绍兴十年(1140),改为报恩广孝寺。绍兴十七年(1147),又将"广"字改为"光"。明成化三年(1467),改为宝峰。现名东禅寺。

以上内容为同治戊辰编写的《福建通志》卷二百六十四中记载的。在乾隆三十三年修纂的《福建通志》中却没有记载东禅寺,因此看不到任何有关大藏经的文字。

东禅寺现格局狭隘,但也自成一廓,具备寺院形制。(图 64-2)有天王殿、大雄宝殿、法堂。(图 65-1)而在天王殿的左右有文圣殿、武圣殿。天王殿和大雄宝殿之间,左右两侧有厢房,各为五间,左右各为伽蓝殿、祖师堂,安放地藏菩萨、目连尊者等,其他没有太多,还祭祀一些神仙。在大殿的右方有留香堂,其背后是方丈室。

大殿内部以释迦、药师、弥陀三尊像为中心,其前方左右安放迦叶、阿难两罗汉及二天王。(图 65-2)左右两侧列着十八罗汉,在中间的释迦佛的前面安放一个小佛,在药师、弥陀两佛后面安放两观音。法堂内部以观音为主尊,左右两龛各放着四天王。这样看来,东禅

東禪寺伽藍配置圖

法堂 九尊

留香堂

大雄殿 二十八尊

祖師堂

目蓮尊者

五顯仙官 五尊

功德祠 一尊

伽藍殿

地藏菩薩

三官殿 三尊

白馬祠 一尊

風火院 一尊

天王殿 五尊

武聖 一尊

文聖 三尊

东禅寺伽蓝配置图

寺中供奉的诸佛和一般的寺院有不同之处，应该是当地民间信仰的体现吧。值得注意的是，为了获得有关大藏经的一些资料，作者遍游寺院，未发现任何一块石碑，唯获得一块刻着诗的木板。据说现今属于西禅寺管理。作者虽然没有得到任何有关大藏经的资料，但从寺中供奉的神仙上看到了体现民间信仰的东西，对此颇感兴趣。看来此东禅寺似乎就是宋代雕印福州本《大藏经》之东禅等觉院。

从中央通过贯穿福州城东西的大道向东门前进，有一石桥。按图所示是"澳桥"。这座石桥的四个角落有单层的石塔。其四方建有四佛龛，上面建造成宝瓶状尖顶和九级（仅存三环）相轮，下设坛基。像这样四个角建石塔，不仅增添美感，还是象征佛教隆盛的一个标志。（图 64-1）

图 64-2 · 东禅寺

图65-1·东禅寺·大雄宝殿

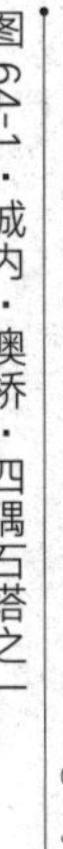

图 64-1 · 城内 · 澳桥 · 四隅石塔之Ⅰ

東禪寺

图 65-2・东禅寺・法堂・三尊佛

开元寺

开元寺位于福州城内、东北芝山的南面。相传始建于梁太清三年（549），号灵山。后改为大云。唐初又称隆兴寺，唐开元间以年号为名，改为今名。会昌年间（841—846），整饬天下佛寺，一州只准保留一寺，当时福州开元寺得以保存。当年五代闽越王王审知于天复元年（901），希冀西巡车辇返京，在灵山开元寺建寿山塔，辅之以藏经，无疑即此开元寺。在此之前，唐朝周朴写过关于福州开元寺塔的诗，从《福建通志》卷七十七中记载的这首诗来看，开元寺塔在闽越以前曾是七层塔，但后来不知哪个时代被烧毁，由闽王重建。周朴的福州开元寺塔诗如下：

开元寺里七重塔，遥对方山影拟齐。
杂俗人看离世界，孤高僧上觉天低。
唯堪片片紫霞映，不与蒙蒙白雾迷。
心若无私罗汉在，参差免向日虹西。

《福州通志》卷六十二“石刻”的条目下记载开元寺里有藏经铭。闽王审知时期，又以金银泥粉万余两，作金银字《四藏经》各五千四十八卷，栴檀为轴，玉饰诸末，宝髹朱架，纳龙脑其中，以灭蠹蝉。碑铭为翁承赞所撰，但现已不见。应该是王审知为护持开元寺寿光塔以及九仙山定光塔而制作的《四藏经》吧。收藏这些藏经的藏经院在该寺的东面。其中有以亿万斤铜所铸的金铜佛像，高一丈六。御史黄滔对此有记载。该记作为开元寺《丈六金身碑》收录于《福建通志》卷七十三中。据记载:天祐三年（907）王审知在九仙山定光塔右侧铸丈六金铜佛像一尊，丈三菩萨二尊，迎入府之别亭，磨莹雕饰，令会千僧，以幡幢钟磬护之返回开元寺寿山塔院。第二年，又设二十万人斋的无遮会，以示落成。据记载，王审知为了竭忠尽孝，为了军旅人民，建造了四塔五藏。该记载无论是对于前面所提到的定光塔的说明，还是对于了解当时的佛教文化来说，都是重要的资料，后面将会摘取其要点。

如是观之，闽越时代是开元寺最为昌盛光彩的时代，而其后的变迁则难以论述。清朝顺治丁亥年（四年，1641）被毁，顺治丁酉（十四年，1657）重建，康熙巳卯年（三十八年，1699），敕御书匾额。正如《福建通志》中记载寺已残毁，现今完全被毁，其旧址已被充当第一监狱。在监狱署中有铁佛一尊。（图66、图67-1）唯有这一尊铁佛是可以代表古开元寺故址的遗物。此尊铁佛应该不是闽王时期的铁佛，大概是明代以后的。由于近代的加塑，原形已发生明显的变化，无论是面貌还是衣纹，都无法追溯到明代以前。在台座的格间刻着浮雕，中央是五头小狮游戏图，右边鹿、鹤各有两只，左边是跳跃的驴。（图67-2、图67-3）（常盘大定 文）

图 66・开元寺・铁佛

图 67-1・开元寺・铁佛

图 67-2·开元寺·铁佛台座雕刻

图 67-3 · 开元寺 · 铁佛台座雕刻

东禅寺及开元寺的大藏经雕印

福州东禅等觉院和开元寺于宋代雕印《大藏经》福州本或曰闽本一事，在佛教文化史上具有重要意义。木雕《大藏经》于宋太祖开宝四年（971）开始在益州（蜀）敕造，至太宗太平兴国八年（983）完成，耗时十二年，所收佛典有《开元释教目录》中制定的五千四十八卷。之后经百年左右，在中国、契丹、高丽三国，先后各自完成此一雕印。契丹和高丽的是官版，中国版的是在福州的私版。福州的私版有两部。

东禅寺本在元丰三年（1080）到崇宁三年（1104）二十五年间完成五千余卷，后于大观四年（1110）续雕，乾道八年（1172）至淳熙三年（1176）的四年间续刊，完成了共计六千四百余卷浩瀚的大藏经。从事这项工程的人名按照冠头款识整理的话，如下所示：

住持慧空大师冲真、住持赐紫慧空大师了元、住持智贤、住持普明、住持广慧大师达杲等五代住持，以及契璋、慧荣、智华、道方等。施主以广东运使曾寺正噩、安抚贾侍郎、福建安抚使江山赵大卿等为主要人物，其中有汀州连城县福仙观道士日升的名字，特别令人感兴趣的是在《华严经》《大般若经》《十诵律》中有日本“庆政舍”之名。而从“收印经版头钱恭为今上皇帝祝延圣寿”作为雕刻《大藏经》经版的目的来看，就能推测当时印制《大藏经》有利可图，进而能了解当时对大藏经的需求之甚。这实际上就是实行这部私版雕藏计划的原因。日本宫内省收藏的东禅寺本，有的纸背上印有“东禅大藏”的大方印记，有的盖有与此相同的“开元经局染黄纸”的长方大印记。

开元寺本自政和二年（1112）以前开版，至建炎三年（1129），十七余年完成约三百五十函；绍兴三年（1133）以后，特别是以绍兴十八年（1148）为中心进行补刻，前后约共计四十余年，完成约五百六十四函。其后至乾道八年（1172），追刻三函，因此所收佛典的总数约六千一百余卷。建炎以前，担任证会的有住持本明、住持净慧大师法超、住持慧海大师惟冲，担任劝缘的有本悟、行崇等，担任管句对经的有本悟、僧仟、法华、若价。此时的劝缘地区主要是福州管内，以府城、闽县、侯官县、连江县、怀安县等为主，其中有住鼓山禅监大师体淳、府城太平禅寺佛慧大师了心、侯官县崇福尼院真净大师德性、法林尼院真行大师德亮等以及众多的道俗施主。

其后在绍兴年间（1131—1162），惟冲到开封府募缘，圆证大师了元继其后，住持必强以及了明、了权等担任管句，最后到慧通大师了一担任住持之时，终于大略完成此大业。除了僧侣以外，被列名的还有作为雕经都会的蔡俊臣、陈询、陈靖、刘渐、林眼、卓元德、蔡康国、谢忠、刘居中、颜微、曾语、陶谷、张嗣靖等，说明此大业格局之大。在了一时代，因为有像武师说的十函、冯楫的三十函，以及他们这样的大施主，才得以提早完成。其目的是把为今上皇帝的祝延圣寿作为一般的通则，其中有“将经司施利钱”“开此经版”“祝延圣寿”的语句，因此可知印经有所得。施主中有住鼓山禅监大师体淳、住西禅嗣祖沙门守净的名字，还有左朝议大夫管台州崇道观叶大任的名字。住鼓山是涌泉寺住持，住西禅是西禅寺住持，崇道观的叶大任是道士。

如上述，东禅、开元二寺以民间之力，按照蜀本五千零四十八卷，增加新译经论和此方撰述五十余卷或三百五十余卷，最终以民间之力完成此一伟业，这是文化史上一大事业，可说是福州莫大的光荣。我福州之行的目的之一就是为了得到关于此大业的一些资料。然而关于此大业不仅在《通志》《府志》里没有任何记载，而且在今天的福州也无任何口耳相传之材料。这实在是令人不可思议。当时的东禅等觉院应该就是现在的东禅寺吧？关于东禅寺，在乾隆三十三年（1768）修纂的《福建通志》中没有任何记载，因此即使在文艺类志里也难以找到关于雕刻藏经的任何痕迹。同治戊辰（七年，1868）修纂的《通志》中，记载东禅原名净土寺，唐咸通年间改为东禅净土寺、吴越时代改为东禅应圣寺、宋大中祥符八年（1015）赐号东禅寺。虽然不见东禅等觉院的名称，但可推测是同一寺院。接着记载崇宁二年(1103)有进《藏经》之举，因此加号崇宁万岁，还有徽宗御书及“大藏经板”。所谓徽宗御书，是指徽宗皇帝亲自书写的崇宁万岁的匾额;有关“大藏经板”的描述比较简单，其意思难以判断。或许是指“大藏经板”的文字也是皇帝亲自书写的意思吧？了解了以上刊载的福州本的事实，在看到这部《大藏经》时，仿佛在如此简洁之文字中看到东禅寺之雕藏。在《玄应音义》的款识里，有以下文字：

福州等觉院住持传法沙门普明。收印经板头钱。恭为今上皇帝。祝延圣寿。阖郡官僚。同资禄位。雕造《大藏经》印板。计五百余函。时崇宁二年八月日谨题。

由上述文字可知，“大藏经板”指的是崇宁二年(1103)完成了五百余函的《大藏经》印板。所谓的“进《藏经》”之《藏经》无疑指的就是这部《大藏经》。如是观之，东禅寺之有关记述仅可推测有雕刻经版一事，而及至开元寺，则没有任何与此有关之记述。唯开元寺所属街道，现称“经院巷”。从此称呼，亦仅可推测当时有藏《大藏经》印板之院落。日本视之为国宝之宋本，数量不少。虽偶杂有所谓的南宋本，但多为福州本，尤以开元寺本居多。此类于中国刻印之物或悉数东流日本，或趋于湮灭，最终在中国绝迹。

在中国佛教文化史上属一大事业的《大藏经》雕印在福州这个偏僻的地方尽管完成了两部，但由于作者的孤陋寡闻，没有找到任何文献，在福州当地也未闻口耳相传。其缘由究竟为何？是否或因南宋以后大规模排佛之势高涨，而否认此一事实，或因儒道二教经典无法如此大规模刊行，而仅佛教界能完成此一伟业大事，使儒道二信众心有未甘，特意不做记录？但是在佛教徒自身的心中无论用何种方法都应该纪念这等千载的大事，于此二座寺院均无任何一块相关碑石，从文化史的角度来看，真是令人非常遗憾。(常盘大定 文)

烽火台

《福建通志》卷十六兵制条目下有如下记载：

明洪武初，于闽中设卫，命江夏侯周德兴入闽抵抗倭寇，设置卫所，在要害处增设巡检司，以福建都指挥使司，领福州左、右、中以及福宁、镇东、兴化、平海、泉州、永宁、漳州、镇海十一卫，以福建行都指挥使司，领建宁左右、延平、汀州、邵武五卫，由此设调置守御千户所。

嘉靖年间，闽苦于倭寇骚扰，商议设总兵镇守，建烽火、南日、语屿、小埕、铜山五个水寨，将福建分为三路，以福宁为北路，管辖福宁卫所部队以及陆军营兵和烽火、小埕二水寨。以兴化为中路，管辖福州、兴化、平海、泉州、永宁的各个卫所的部队以及南日寨、兴泉二府的陆营客兵。以漳州为南路管辖漳州、镇海二卫所的部队以及语屿、铜山二寨和漳州的陆军。

同书还专门设立烽火寨（图68-1）的条目，关于这一点有如下记载：

即水寨。北界浙江蒲门，南界连江濂澳。在礌山（北礌）、大金、罗浮、箬头等地设汛地（驻军防守），是重要之地。

嘉靖中，定为“会哨”之地。如倭寇自浙江南下，则由烽火门分兵一部驻扎井下门，北与浙船会哨、南与小埕会哨于西洋山。后来因防区正面长达三百余里，难以迅速赶到。遂请求（将）分兵船于两地，一泊官澳、一泊嵛山。万历年间，复增中哨，防守三沙。

根据以上记载，可以了解明代时福泉两地苦于倭寇骚扰之情状。河南省嵩山少林寺的僧兵在当时就立有战功。在少林寺的墓塔中，就有“敕赐少林禅寺都提举征战有功顺公万庵和尚享寿七十四之塔，时大明万历四十七年三月吉旦”，想必指的就是此时的战功吧。少林寺拳法天下闻名，其名声至今犹在。作者常盘大定于日本大正十一年（1922）访问那里时，约有二十名私兵，中院陈列着种种武器。该寺拳法极盛时期是万历时代，少林寺的拳师防抗倭寇立下战功的美名传天下。（常盘大定 文）

图 68-1 · 烽火台

万寿桥

《福建通志》卷八之闽县条目中有万寿桥（图68-2），记载如下：

横跨南台大江。俗名大桥。原为浮桥，屡修屡坏。宋元祐年间，郡守王祖道置田一十七顷七十二亩备修桥费。元时，田入万岁寺。大德七年，头陀王法助奉旨建造石桥，募集民财以佐资费。自帅宪以下，举佽助焉。酾水为二十九道，上翼以石栏，长一百七十丈有奇，南北构亭二。至治二年落成。明天顺年间，镇守少监来住重修。成化年间，镇守太监陈道复修。以后历经兵燹，桥坏亭毁。郡诸生陈博升捐资修缮。

（常盘大定 文）

图 68-2・万寿桥

福建雪峰 XUEFENG SNOW PEAK MOUNTAIN OF FUJIAN PROVINCE

福建鼓山 GUSHAN MOUTAIN OF FUJIAN PROVINCE

福建黄檗山 HUANGBO MOUNTAIN OF FUJIAN PROVINCE

福建厦门 XIAMEN CITY OF FUJIAN PROVINCE

TIANTAI MOUNTAIN OF ZHEJIANG PROVINCE

FUZHOU CITY OF FUJIAN PROVINCE

XUEFENG (SNOW PEAK) MOUNTAIN OF FUJIAN PROVINCE
GUSHAN MOUTAIN OF FUJIAN PROVINCE
HUANGBO MOUNTAIN OF FUJIAN PROVINCE
XIAMEN CITY OF FUJIAN PROVINCE

浙江天台山 □

福建福州 □

福建雪峰　福建鼓山 ■

福建黄檗山　福建厦门

福建雪峰

雪峰义存

福州的佛教因雪峰义存而俄然在中外占有重要的地位。义存在佛家史上处于重要位置。其门下分出两支：一支传云门文偃，建立云门宗；一支由罗汉桂琛再传文益，由文益建立法眼宗。

关于义存的生活，通过《宋高僧传》第十二、《雪峰志》《景德传灯录》第十六等可以了解。《宋高僧传》是最详细记载唐朝福州雪峰广福院义存的文献，因此从它开始叙述，而后再与其他文献比较异同。

义存于长庆二年（822）生于泉州南安县曾氏。其家世代亲佛法。九岁请出家，未允。十二从家君游蒲田玉润寺，有律师庆玄，持行高洁，遽拜之曰："我师也。"遂留为童侍焉。十七落发，来谒芙蓉山恒照大师，见而奇之，故止其所。至宣宗于会昌废佛后，中兴释氏。北游吴、楚、梁、宋、燕、秦，受具足戒于幽州宝刹寺，历巡名山，扣诸禅宗。爰及武陵，一面德山，止于珍重而出。其徒数百，咸莫测之。德山曰："斯无阶也吾得之矣。"咸通六年（四十四岁）归于芙蓉之故山。其年圆寂大师亦自沩山拥徒至于怡山，其徒孰（孰师已嗣德山）累累而疑关，存拒而久之。则有行实者，始以存同而议曰："我之道巍巍乎。"劝说须据名山，入雪峰。曰："府之西二百里有山焉，环控四邑，峭拔万仞，崤崒以支圆碧，培楼以觇群青。怪石古松，栖蛰龟鹤；灵湫邃壑，隐见龙雷。山之巅，先冬而雪，盛夏犹寒。其树皆别垂藤萝。苇茸而以为之衣，交错而不呈其形。奇姿异景，不可殚状。虽霍童、武夷无以加之。实闽越之神秀，而古仙之未攸居。诚有待于我也。祈以偕行去。"义存即穿云躏藓，陟险升幽，将及之，曰："真乃吾居。"云庵既立，月构旋隆。行实乃请名其山曰雪峰。如此庚寅（咸通十一年，四十九岁）至乙未（乾符二年，五十四岁）义存以山而道任。山以义存而名出。天下之释子，不计华夏，趋之若召。乾符中观察使京兆韦公、中和中司空颖川陈公，每渴醍醐而不克就饮，交使驰恳，义存为之入府。其时内官有复命于京，语其道归者甚多。僖宗皇帝闻之，闽人陈延效得其实奏。于是乃锡真觉大师之号，仍以紫袈裟俾延效授焉。义存受之如不受，衣之如不衣。居累夏。辛亥岁（大顺二年，891，七十岁）朔，遽然杖屦，其徒启而不答。东游于丹丘、四明。明年，属王侍中之始据闽越，乃洗兵于法雨，致礼于禅林。馥义存之道，常东望顶手。后二年（乾宁元年，七十三岁）自吴还闽，大加礼异。及闽王王氏，誓众养民之外，雅隆其道。凡斋僧构刹，必请问焉。为之增宇设像、铸钟以严其山，优施以充其众。时则迎而馆之于府之东西甲第。每聆法论，未尝不移时。仅乎一纪。渔猎之逸，甚改其业。戊辰年春三月（开平二年，908）示疾。闽王送医。义存曰："吾非疾也，不可罔子之工。"卒不服药。其后札偈以遗法子，函翰以别王庭。俗寿八十有七圆寂。即建塔藏之。闽王涟如出涕。且曰："师其舍予，一何遽乎！"遣子延禀躬祭奠之。义存之行化四十余年，四方之僧争趋法席者不可胜算矣。冬夏不减一千五百。驰而愈离，辩而愈惑。其庶几者，一曰师备，拥徒于玄沙。次曰可休，拥徒于越州洞岩。次曰智孚，拥徒于信州鹅湖。其四曰惠稜，拥徒于泉州招庆。其五曰神晏，住福州之鼓山，分灯化物，皆膺圣奖，赐紫袈裟。而玄沙即宗一大师焉。

关于义存在福州的师父，《宋高僧传》中说是芙蓉山的恒照大师，《雪峰志》认为是弘照大师，《景德录》说是常照大师，不知该遵从哪一种说法？大概可以认定为《雪峰志》说的弘照大师吧。大师讳灵训。《雪峰志》中说义存经"三登投子，九到洞山"的苦修以后，四十岁吃德山一棒，豁然大悟。其后，为追念芙蓉，返回福州，《宋高僧传》记载那年是四十四岁，但《雪峰志》中记载是四十七岁。义存和王审知的交往，据《宋高僧传》记载推断，是乾宁元年（894），但从《雪峰志》里记载的闽王王审知执权霸位来看，则是乾宁二年（895），义存七十四岁之时。这一年，王审知的长兄王潮去世，审知让二哥审邽继位，但众推审知继位，最后审知不负众望继承王位。当时王审知的年龄仅三十四岁。《宋高僧传》中没有记载义存应王审知的邀请入内的年龄，而《雪峰志》的记载是七十七岁。此时和玄沙共同谈论佛心印，王审知听了二人的明确指示，大起信心，立下归心受戒的誓愿。雪峰堂宇的完成是那以后的事。在雪峰的枯木庵中，安放着义存的真身，枯木龛里有“维唐天祐乙丑岁，造庵子，及作水池，约五千余功，时廉主王大王”的刻字。天祐乙丑岁（二年，905）是义存八十四岁之时。义存的墓塔是王审知建的，现在还在该寺的右后方的高地上。《景德传灯录》中有“闽帅施银交床，僧问，和尚受大王如此供养，将何报答。师以手托地曰，少打我。”这样的问答，可以证明王审知的布施之大。《景德传灯录》中记载：懿宗赐义存真觉大师之号是唐咸通中，登象骨山（雪峰）的时候直接赐予的。这是个误传。《宋高僧传》中所写的是僖宗赐予的才是正确的。作为义存的法嗣，《宋高僧传》举出：师备、可休、智孚、慧稜、神晏五人，可以推测每一位都应该符合赐紫袈裟，但据之后的师承关系看，云门文偃应凌驾于他人之上。云门文偃之脱漏，似因该传记不甚明了之故。徵之《宋高僧传》不传云门，可证。

雪峰寺门前有两棵柽树，相传各为义存与王审知手植。两柽树枝条上下交叠，如同二者之关系。秘传王审知建造义存墓塔，曾预言墓塔废圮时，义存将再次出世。雪峰寺内有枯木庵，庵内枯木龛中安置义存真身像。但《宋高僧传》仅记为塔藏之，无肉身裹漆布之记述。（常盘大定 文）

玄沙师备

作者认为要先根据《宋高僧传》第十三中《梁福州玄沙院师备传》叙述其一生的大概后，再根据《景德传灯录》第十八进行补充比较适合。

师备，俗姓谢，闽人也。少而憨黠，酷好垂钓，往往泛小艇南台江自娱，其舟若虚。一日忽发出尘意，投钓弃舟，投芙蓉山灵训禅师出家，咸通初年（861，二十六岁）也。后于豫章开元寺道玄律师具戒，还归故里。山门力役无不率先，布衲添麻，芒鞋续草，减食而食，语默有常。终日宴坐，人咸畏之。与雪峰义存是同门师兄弟，亲近若师徒。雪峰义存年长十四岁。雪峰以其苦行呼为头陀。一日雪峰问曰：“阿那个是备头陀。”师曰：“达磨不来东土，二祖不往西天。”雪峰然之，深器重之。雪峰登象骨山，住山开法，备多率力。又阅楞严经，发明心地。由是应机敏捷与修多罗冥契。诸方玄学有所未决必从之请益。至若与雪峰和尚征诘亦当仁不让。雪峰曰：“备头陀其再来人也。”王氏始有闽土。奏赐紫衣，号宗一大师。后梁开平二年（908）和雪峰同年圆寂，年七十四。闽越忠懿王王审知树塔。备三十年演化，禅侣七百余人。得其法者众，推罗汉桂琛为神足矣。《宋高僧传》写道：“至今浙之左右山门盛传此宗，法嗣繁衍矣。”

《景德传灯录》中有逸闻：西天声明三藏到，闽帅令与玄沙相见。玄沙以火箸敲铜炉问，此为何声。三藏对曰铜铁声。玄沙对闽帅曰，大王莫受外国人谩。三藏无以对之。《十国春秋》记载天祐三年（906）西天国声明三藏来访，故可知上述逸闻为事实。天祐三年即玄沙年七十二时，所谓闽帅即指王审知。《景德传灯录》所举玄沙与雪峰、地藏、南际长老、文桶头等相互辩诘之处颇多，今举几例：

一日雪峰上堂曰：“要会此事，犹如古镜当台，胡来胡现，汉来汉现。”玄沙曰：“忽遇明镜来时如何？”雪峰曰：“胡汉俱隐。”玄沙曰：“老和尚脚跟犹未点地。”

玄沙一日随侍雪峰游山。雪峰指一片地曰：“此处造得一所无缝塔。”玄沙曰：“高多少？”雪峰乃顾视上下。玄沙曰：“人天依报即不如和尚。若是灵山受记大远在。”雪峰曰：“世界阔一尺古镜阔一尺。世界阔一丈古镜阔一丈。”玄沙指火炉曰：“火炉阔多少？”雪峰曰：“如古镜阔。”玄沙曰：“老和尚脚跟未点地。”

玄沙一日遣僧送书上雪峰和尚。雪峰开缄唯白纸三幅。问僧：“会么？”曰：“不会。”雪峰曰：“不见道，君子千里同风。”其僧回举似于玄沙。玄沙曰：“遮老和尚蹉过也不知。”

南际长老到雪峰。雪峰令访于玄沙。玄沙问曰：“古人道，此事唯我能知，长老作么生？”南际曰：“须知有不求知者。”

文桶头下山。玄沙问：“桶头下山几时归？”曰：“三五日。”玄沙曰：“归时有无底桶子将一担归。”文无对。

玄沙与地藏琛在方丈内说话，夜深，侍者闭却门。玄沙曰：“门总闭了。汝作么生得出去？”琛曰：“唤什么作门？”

（常盘大定 文）

崇圣寺

雪峰寺位于福州城北方二百华里，大穆溪口东北九十华里的嘉祥里。五代的义存曾经参见德山宣鉴大师。咸通九年(867)，为追慕先师，返回福州府。咸通十一年，和行实一起寻求住山之地，来到嘉祥里。此地高峻深幽，与俗尘隔绝。故称为雪峰，因为山形似大象，故名象骨峰。也有人说有一砍樵者在此得到过象骨，故名象骨峰。僖宗乾符二年(875)，赐予应天雪峰禅寺匾额。当时闽王王审知仰慕义存的风范，倾其财产建造伽蓝，地方豪族皆效仿之。僖宗中和元年(881)，义存六十岁时，传说僧众满堂，达到一千五百人。帮助雪峰开山贡献最大的是玄沙师备。光化三年(930)，雪峰寺改名为应天广福寺。宋太平兴国三年(978)，赐现存的匾额。明宣德年间(1426—1435)重修。后寺运衰退，寺财亦被当地人瓜分，千年古刹近乎废寺。然而，现为鼓山涌泉寺住持的达本禅师挺着年迈的身体，开始努力重建，规模广大，直至恢复其旧观。现今的圆瑛大师继主法席后，努力完成了重建大业。(图69、图70-2)寺院的南边有枯木庵，中间安放着义存的像。寺后有义存的墓塔。门前有两株巨大柽树，相传一为王审知手植，一为义存手植。其中一株枝叶朝上，另一株枝叶朝下，颇显神秘。传说义存在其墓塔塌倒的时候会再次重生。现在正是墓塔临近倒塌之时，可以预期义存将再现。达本和圆瑛对此很有信心。尽管在寺域中，遗留有枯木庵、义存墓塔、两棵柽树这样的主要历史纪念物，但寺中没有留下一块石碑，这与名刹不太相称。传说是当地人瓜分寺财时，为了掩盖证据而故意破坏一切石碑。

崇圣寺伽蓝配置图

崇聖寺伽藍配置圖

法堂 長老堂 庫房 大雄殿 禪堂 齋堂 祖師堂 伽藍殿 西歸堂 報恩殿 客堂 客殿 池 池 天王殿 放生池

如插图所示，崇圣寺现(1929年1月12日)以天王殿、大雄宝殿、法堂为主体，右边有禅堂、祖师堂；左边有伽蓝殿、报恩殿、客殿；后方有库房、斋堂、客堂。重建步入轨道，有望岁岁昌盛。天王殿前有两棵柽树，隔几步路的前方，有放生池。(图70-1)西边有留公堂。远望四周，背后的两座高峰，一为象岭，一为狮子岭。前方左右的两座小山，一为钟山，一为鼓山。

大雄宝殿是重檐歇山顶结构，虽没有庄严之美，但作为排佛思想盛行时代的重建物，很值得一看。回廊不值一提。大殿均为木造建筑，少有铺瓦之处，具有中国南方建筑的特色。(图71)

法堂是四面坡的屋顶。(图72-1)前院有在西禅寺看到的同样形状的石球。据说是雪峰义存为了方便试练学人而造。(图72-2)以大雄宝殿内的释迦牟尼佛像为中心的三尊佛像和一般的寺院相同。(图73)

客从远方进入雪峰，感到特别稀奇的是大雄宝殿内有印度式三尊坐佛。中间一尊安放于前，悉结降魔印。(图73、图74-1)另外还有一尊安放于左后方，系汉白玉涅磐像(图74-2)，据说由缅甸带回，咸属特别进献。最大降魔像台座有以下刻字：

雪峰崇圣寺。民国十三年甲子仙游县僧进嘉敬。仙游县古院寺僧进嘉发心。

图69 · 雪峰 · 远景

禅堂内也有缅甸带来的汉白玉坐佛。亦结降魔印。（图75-1）

距西面不远处有留公堂，现在用作兵营。我们一行只看了大门的内外。从这扇门的形状构造可以看出福州木造建筑的长处和美处。左侧亦为门，柱梁上肘木、斗拱复杂，为三跳拱。这种构造除了闽越其他地方是看不到的。（图75-2）

义存的墓塔在寺院的背后右边的小山上。塔身呈长覆钵式。正面中央嵌着题为真觉祖师的长方形石碑。建造塔身的石材为砖形，每方石上各镌刻出二至三个乳状突起，使墓塔透出一种肃穆森严之美。（图76）

海会塔在义存塔附近的一高处，同为长覆钵形。无乳状突起，以砖筑成，正面右下部阴刻着“乾隆己亥重建海会灵塔”，说明了这座塔的建造时间为乾隆四十四年（1779）。前方立着安乐世界阿弥陀佛的碑，碑前有两座石塔，一块碑。我想两座石塔应该均为某时代的海会塔。（图77）拥有自宋代以来悠久历史的崇圣寺虽然历经沧桑，但海会塔应该并非仅此一座，这种情况在许多地方可以见到。三塔的左方站着的是现住持圆瑛和尚，展现出充沛的活力，雄伟的气魄。

枯木庵位于寺门南边约二华里的地方。（图78）中间有一周长约三丈的大枯木，因此得名。枯木正面凿穿，成为龛，内安置义存的像，面向寺门，宛如镜鉴，光照千秋。（图79-1、图80）枯木的里面，像的背后有后唐天祐乙丑岁（905）题刻。收录在《雪峰志》卷二、《福建通志》卷三十九里。现存的是拓来的。其刻铭（图79-2）如下：

维唐天祐乙丑岁，造庵子，及作水池，约五十余功，时廉主王大王

所谓王大王即王审知，无须说明。此处添加廉主之修饰词，征之以德政碑，其意义因此得以明了。崇圣寺最初是山南信士蓝文卿以其居所东池一侧之古柽树建庵，延揽义存居住之处所，之后王审知投入约万余名工匠重建，并开大池。刻铭乃为纪念重建古庵、开凿水池。现在寺与庵之间有该水池，名蓝公池。（图70-1）

图 70-2·雪峰·崇圣寺·全景

图 70-1・雪峰・崇圣寺及放生池

图 71 · 雪峰 · 崇圣寺 · 大雄宝殿

图 72-1·雪峰·崇圣寺·法堂

图 72-2・雪峰・崇圣寺・法堂前・石球

图 73 · 雪峰 · 崇圣寺 · 大殿 · 本尊佛

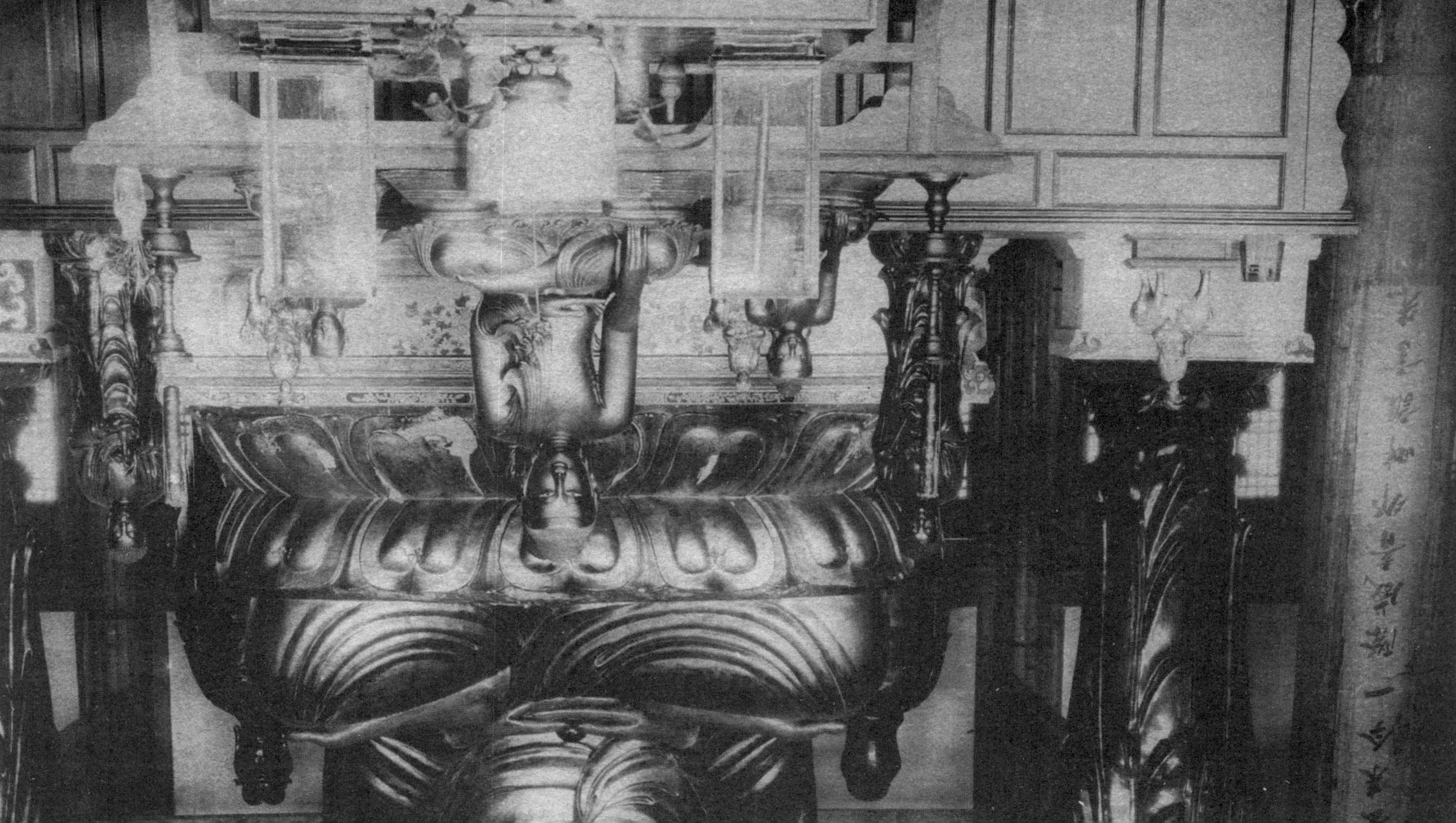

图74-1·雪峰·崇圣寺·大殿·缅甸将来·坐佛

图 74-2 · 雪峰 · 崇圣寺 · 大殿 · 缅甸将来 · 白石涅槃佛

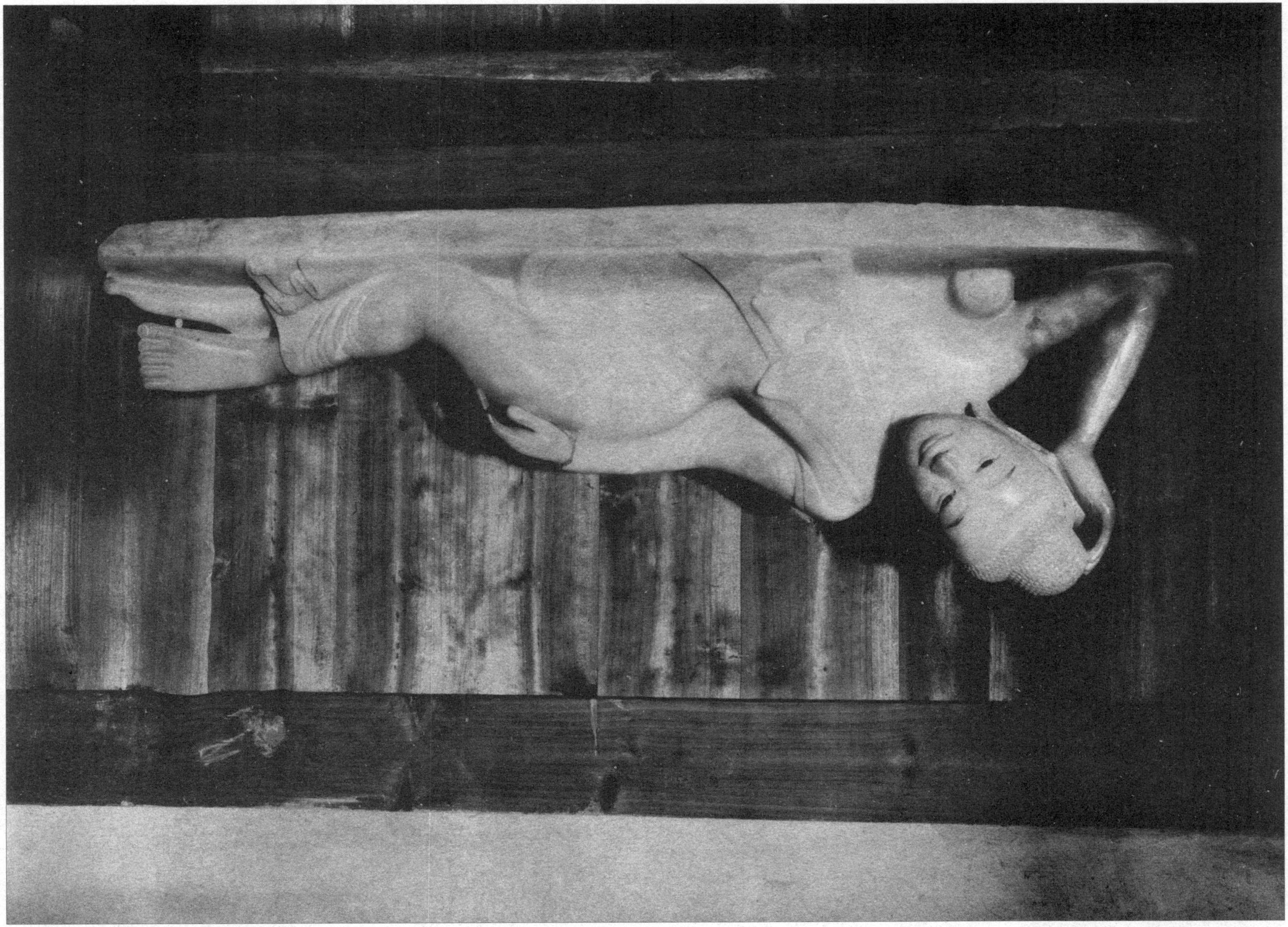

图 75-1・雪峰・崇圣寺・禅堂・缅甸将来・白石坐佛

图 75-2・雪峰・崇圣寺・留公堂・门

图 76・雪峰・崇圣寺・义存大师墓塔

图77 · 雪峰 · 崇圣寺 · 海会塔

图 78・雪峰・崇圣寺・枯木庵

图 79-1 · 雪峰 · 崇圣寺 · 枯木庵 · 枯木龛 · 义存像

图 79-2・雪峰・崇圣寺・枯木庵・枯木龛・刻文拓本

图 80 · 雪峰 · 崇圣寺 · 枯木庵 · 义存大师像

福建鼓山

神晏国师

据《景德传灯录》第十八记载:

福州鼓山兴圣国师神晏，大梁人也，姓李氏。年甫志学，遘疾甚亟。梦神人与药，觉而顿愈。明年又梦梵僧告云:出家时至矣。遂依卫州白鹿山道规禅师披削。嵩岳受具。谓同学曰:“古德云。白四羯磨后，全体戒定慧，岂准绳而可拘也。”于是杖锡遍叩禅关。而但记语言存乎知解。及造雪岭朗然符契。一日参雪峰。雪峰知其缘熟。忽起搊住曰:“是什么。”神晏释然了悟，亦忘其了心。唯举手摇曳而已。雪峰曰:“子作道理耶。”神晏曰:“何道理之有!”雪峰审其悬解抚而印之。暨雪峰归寂。闽帅(王审知)于府城之左二十里，开鼓山创禅官请扬宗致。

神晏与招庆(慧稜)相遇。招庆曰:“家常。”神晏曰:“无厌生。”招庆曰:“且款款。”神晏却云:“家常。”招庆曰:“今日未有火。”神晏曰:“太鄙吝生。”招庆曰:“稳便将取去。”

神晏问保福:“古人道:非不非，是不是，意作么生?”保福拈起茶盏。神晏曰:“莫是非好。”问:“如何是真实人体?”神晏曰:“即今是什么体?”曰:“究竟如何?”神晏曰:“争得到恁么地。”问:“如何是佛法大意。”神晏曰:“金乌一点，万里无云。”

神晏与闽帅瞻仰佛像。闽帅问:“是什么佛。”曰:“请大王鉴。”曰:“鉴即不是佛。”曰:“是什么。”无对。

神晏常劝导学人:“鼓山有不跨石门句。汝作么生道?”尝曰:“鼓山寻常道，更有一人不跨石门，须有不跨石门句。作么生是为不跨石门句?”自住鼓山三十余年，五湖四海来者，向高山顶上看山玩水，未见一人快利通得。如今还有通得之人乎?”乃有偈示众:“直下犹难得，寻言转更赊。若论佛与祖，特地隔天涯。”闽帅礼重，常询法要焉。

以上是《景德传灯录》中的记载，遗憾的是没有写出神晏大师圆寂的时间。《鼓山联芳集》简单记载了其一生。第一代定慧大师，讳神晏，雪峰真觉大师义存的法嗣。后梁开平二年(908)忠懿王未上奏，亲自坐镇建立此寺，寺成后具百戏香花，并到雪峰寺邀请神晏法师前来住持。乾化二年(912)奏赐紫衣袈裟，四年赐号定慧大师。后闽王延钧加封神晏为广辨圆觉兴圣国师。神晏法师于天福四年(939)圆寂，居山凡三十二年，墓塔建于沙溪。显德五年(958)涌泉寺僧众，梦见神晏国师说，欲回到本山来，于是迁归涌泉寺的上方。寿年七十七岁。

闽帅把神晏请到鼓山是开平二年(908)，即雪峰圆寂之年。后来到了东晋天福年间，在此住持三十余年，承闽帅之礼遇。王审知六十四岁时，于后唐同光三年(925)去世，其后继续得到王延钧、王昶、王曦三代之敬重。闽王四代的礼重，才有了兴圣国师之嘉号。据《鼓山联芳集》记载，此塔现存在涌泉寺的背后。关于神晏圆寂的时间，《古尊宿录》的记载是天福八年(943)，而《鼓山联芳集》的记载是天福四年(939)，可以遵照《联芳集》的说法，那样的话住持鼓山就是三十二年。

在《宋高僧传》的《雪峰义存传》里，在其上足五位弟子中也列出神晏，赞其膺圣奖赐紫袈裟，特别为神晏立传。在《罗汉院桂琛传》的末尾写道:“时神晏大师，王氏所重，以言事胁令舍玄沙嗣雪峰，确乎不拔。终为晏谗而凌轹。惜哉。”这段文字似乎表示了对神晏的不满之意。这大概就是赞宁特意为他立传的原因吧。在《景德传灯录》第二十一的《福州卧龙山安国院慧球传》中，如此记载:

玄沙将示灭，闽帅王氏遣子至问疾。仍请密示继踵说法者谁乎，玄沙曰:“球子得。”王氏默记遗旨，乃问鼓山国师曰:“卧龙法席孰当其任?鼓山举城下宿德具道眼者十有二人，皆堪出世。”王氏亦默之。至开堂日官僚与僧侣俱会法筵。王氏忽问众曰:“谁是球上座?于是众人指出师。王氏便请升座。”

这也说明玄沙和鼓山之间的意气不合。在雪峰的法嗣中，福州的玄沙派与鼓山派之间的对立是不争的事实，赞宁盖与玄沙同党乎。(常盘大定 文)

无为和尚

无为和尚，法讳大舣，又讳元来，字无异、号博山，舒城(现安徽省庐州府舒城县治)人，是明代弘传曹洞正宗之高德之士。曹洞宗在唐代非常盛行，但是到了宋代一度衰落，到了元代，由于雪庭福裕住持少林寺，一时恢复了生气，传十二代，至明代小山宗书时，终出了个蕴空常忠。继承宗书法席住持少林寺的是幻休常润，但其以讲习评唱为能事，故大失众望。而得密印的常忠回到盱江（江西省北部，经南昌流入彭蠡湖），隐居在廪山，完全不为世人所知。寿昌慧经跟随常忠落剃受记，首次弘扬佛法。及至寿昌传至博山后，其道遂大行于世。博山弟子日杲在《博山和尚传》中写道：

见其貌甚伟异，如世所图达摩像，岂其后身与？明兴二百余年，宗乘寥寥，得和尚而丕振。而和尚法嗣寿昌，律传鹅湖。殆兼之矣。

将其比作六祖，其在曹洞宗的位置可想而知。在永觉元贤撰写的《博山无异大师衣钵塔铭并序》（《永觉广录》卷十八）和弟子日杲撰写的《博山和尚传》、弟子吴应宾撰写的《中兴信州博山能仁禅寺无异大师塔铭并序》（以上二文载于《无异元来广录》卷三十五）中都有关于博山传人的记载。对照这些文献，即可明确博山的一生。

博山出生后不食酒肉，天性慈惠，年十六，矢志出家。游学于金陵瓦棺寺。闻雪浪师讲《法华》，知文句之外的别传旨趣，遂去。之建武（湖北省襄阳府南漳县地）礼五台静庵通法师，剃发受业，修智者止观之道。如是五年，内焉不知有血肉身心，外焉不见有山河大地也。而诣超华山，从洪法师受比丘律。是时寿昌慧经大师，方居峨峰，扬曹洞之法。和尚闻其名，往谒焉。见寿昌，荷锄戴笠，状类田夫，辄心疑之。遂入闽光泽（福建省邵武府光泽县治）。居白云峰三年。著《心经指南》，呈寿昌。寿昌谓其非第一义。始信为过量人，炷香遥礼，矢志宗乘。而船子没踪迹话，疑情顿发。而于赵州有佛无佛，机缘如释重负。走见寿昌。时寿昌已从峨峰徙宝方矣。谒寿昌于宝方，多乎呈简，曾不得其一颔。居再阅月，形色枯瘁而精进不衰。一日寿昌受玉山请，欲与和尚偕行。途次论君臣五位之旨，和尚语刺刺不休。寿昌皆然之。既而谓和尚曰："佛印偈云：蚁子解寻腥处走，青蝇偏向臭边飞。君耶臣耶？"和尚曰："臣边事。"寿昌呵之曰："大有人笑汝在。"和尚曰："前何以是，今何以非？"寿昌曰："一非一切非矣。"至玉山，和尚趺坐石上，忽闻神像仆地，中心豁然。急作颂呈寿昌，寿昌曰："一到多门又到门。"和尚益自厉，归坐一小楼。朝夕不寐，复居岁余。一日如厕，见人缘木，遂悟至道，疾走见寿昌。寿昌见和尚之状异平日，因迎问曰："子近日如何。"和尚曰："有条活路，不许人知。"寿昌曰："因甚不许人知。"和尚曰："不知不知。"寿昌方举婆子烧庵话问和尚，接着又举龙吟雾起、虎啸风生公案，命和尚颂。和尚援笔疾书以呈，颂曰："杀活争雄各有奇，模糊肉眼曷能知。吐光不遂时流意，依旧春风逐马蹄。"寿昌笑曰："子今日始知吾不汝欺也。"和尚问："向后还有事也无？"寿昌曰："老僧只知穿衣吃饭，不复知有向后事。"又问："岂无方便。"寿昌曰："子后得坐披衣，幸无筹策足矣。"因命秉拂，赠以偈言。时和尚方二十七岁。

闻鹅湖心大师以云栖宏大师神足，授律鹅湖。往受菩萨戒，心大师即留为首座。之后三礼云栖，云栖殊礼之。居鹅湖者六月，即还入闽。至信州，迁博山。博山故韶国师道场，荒废日久。寺僧皆肉食者流。和尚至，禅律并行，蹶然兴起。鹅湖闻和尚居博山，即以授戒。寿昌以应董岩请，不暇往。遂让和尚代座，和尚乃往。大阐宗风，辩才无碍。继登仰山，还博山。而弟子益进，数以千计。天启七年，余冏卿来到博山参见和尚，请求为弟子。应闽中学人盛邀，回鼓山。后博山之名扬天下。还应邀至金陵天界寺，归途礼乐寿昌之塔，过董岩，返博山，往来吴越江闽间，三十年于兹矣。谋建浮屠，为身后计。结夏之时著《宗教通说》一卷。书成遂示疾。首座知闇问和尚："去来自在云何。"和尚索笔大书曰："历历分明。"掷笔趺坐而逝，世寿五十有六，法腊四十有一。

和尚生于万历三年（1575），于崇祯三年（1630）圆寂。在栖凤岭的向阳面供奉着其全身塔，是和尚占卜之地。其语录有《无异元来禅师广录》三十五卷。《博山无异大师语录集要》六卷，收录在《大日本续藏经》中。（常盘大定 文）

永觉元贤

关于永觉大师，在其弟子林之蕃撰写的《福州鼓山白云峰涌泉禅寺永觉贤公大和尚行业曲记》和其弟子潘晋台撰写的《鼓山永觉老人传》中均有详述。两文均被附录在续藏经中的《永觉元贤禅师广录》中。

师讳元贤，字永觉。建阳（福建省建宁府建阳县治）人，宋大儒西山蔡先生十四世孙也。万历六年(1578)生，初名懋德，字暗修。初嗜周程张朱之学。年二十五，闻诵法华偈曰。"我尔时为现清净光明身。"忽喜谓："周孔外乃别有此一大事。"明年值寿昌无明和尚开法董岩，师往谒之。反覆征诘。昌曰："此事不可以意解，须力参乃契。"因勉看干屎橛。久之无所入。一日留僧夜坐，举南泉斩猫话，乃有省，作颂呈寿昌。寿昌激励之，师得颂益省。逮二亲继殁，师年四十。万历四十五年，竟投寿昌落发，为安今名。师凡有所请益。昌但曰："我不如你。"一日值昌耕归，师逆问曰："如何是清净光明身？"昌挺身而立，师曰："只此更别有。"昌遂行，师当下豁，如释重负。随入方丈，拜起将通所得，昌遽棒之三，曰："向后不得草草。"仍示偈曰："一回透入一回深，佛祖从来不许人。直饶跨上金毛背，也教棒下自翻身。"师不及吐一辞而退，然犹疑云："因甚更要棒下翻身。"

翌四十六年，寿昌迁化，博山无异和尚以奔丧来。及归师与偕往博山。无何进具戒，复往博山，圆菩萨戒，留居香炉峰。山时相与商榷玄奥。师每当仁不让，山叹曰："这汉生平自许，他时天下人不奈渠何。"越三年归闽，住沙县（福建省延平府沙县治）双髻峰。明年以葬亲回建阳。舟过剑津，闻同行僧唱经云："一时謦欬，俱共弹指。是二音声，遍至十方诸佛世界。"师廓然大悟，乃彻见寿昌用处。因作偈云："金鸡啄破碧琉璃，万歇千休只自知。稳卧片帆天正朗，前山无复雨鸠啼。"时天启三年，师年四十有六矣。

居瓯宁（福建省建宁府瓯宁县治）釜仙阁，阅《大藏》三年，徙建安（福建省建宁府建安县治）荷山。明年之檇李（浙江省嘉兴府西南），请《藏经》归。作《建州弘释录》。先是，师住博山时，无异和尚尝属师志建州诸释。师曰："吾大事未竟，不暇及此也。迨师隐荷山，异自石鼓归。途于建州光孝寺，与师会晤。异一见而识之曰："今可志建州僧也。"师笑而不答。异乃问曰："寿昌塔扫也未。"师曰："扫即不废。只是不许人知。"异曰："恁么则偷扫去也。"师曰："和尚又作么生。"异曰："扫即不废，只是不曾动着。"师曰："和尚却似不曾扫。"遂相笑而别。及是书成，异序而传之。又会通儒释，而作《寱言》。

崇祯五年，谒闻谷大师于宝善庵，一见投合。请大师作诸祖道影赞，因属师命笔。师成百余赞，大师惊讶不已，且曰："我不入建，公将瞒尽世人去也。"即以大戒授师。崇祯七年，与诸善信延主鼓山。请开堂弗许，惟为四众说戒。崇祯八年往寿昌扫塔。归过建州，为净慈庵著《净慈要语》。众请入泉州开元寺。师知机缘已稔，始开堂结制，四众云集。崇祯九年归鼓山，建藏经堂于法堂之东，殿宇山门及诸堂寮，次第鼎新，庄严毕备。又作佛心才、寒岩升二师塔于香炉峰下。复作塔藏博山和尚衣钵铭之。顺治二年，著《金刚略疏》，修《鼓山志》。顺治三年复请至建州净慈庵，乃移宝善说戒。著《四分戒本约义》《律学发轫》。顺治四年归鼓山，著《洞上古辙》及《续寱言》。顺治六年著《补灯录》，以补《五灯会元》之阙。顺治八年作《继灯录》。先是，宗门录传灯者，止于宋。自宋末至明。四百余年，一灯相承，未有修者。师广搜博采，至是乃有成书。顺治九年复修山堂、桧堂、二禅师塔。遣徒取金陵大藏经。顺治十二年兴化、福清、长乐罹兵变，饥民流至会城南郊。呤㖠之状，人不忍见，师乃设粥以赈，死者具棺葬之。凡二千余人。

顺治十四年(1657)，师年八十。众皆以法嗣未得人，甚为师忧。上元日忽鸣钟集众，举衣拂付维那为霖霈公，即命首众分座，闻其提唱，众皆悦服。莫不人人相庆，以为洞上一宗可倚。九月朔果示微疾，不食者二十余日，起居如常。乃说偈示众曰："老汉生来性太偏，不肯随流入世廛。顽性至今犹未化，刚将傲骨救儒禅。儒重功名真已丧，禅宗机辨行难全。如今垂死更何用，只将此念报龙天。"曰："老僧世出世事，尽在此偈。汝等毋忽也。"数日后曰："不有病了。"令侍者扶起，坐定脱去。顺治十五年正月，奉全身于本山西畲寿塔。所说法语录诸撰著共八十余卷，盛行于世。

师历主四刹，所至深居丈室，澹然无营。而施者争先，百务皆举。四方学者，来不拒去不留。座下每多英衲，开堂三十载，未尝轻许学者。至年八十，始举霈公一人授之。诸方皆服其严。以儒而入释，尝云："释迦是入世底圣人，孔子是出世底圣人，而不知正出世底圣人，不出世不能入世也。"故得道之后，经世说法，力救儒禅之弊。皆勉以真参实悟，深诫知解杂毒。据说大师是明代三百年间的出色释子。

《大日本续藏经》中，有大师所撰《楞严经略疏》十卷、《金刚经略疏》一卷、《四分戒本约义》四卷、《禅林疏语考证》四卷、《继灯录》七卷、《建州弘释录》二卷、其重编的《无明慧经禅师语录》四卷。其语录由嗣法弟子道霈重编，多达三十卷以上。（常盘大定 文）

为霖道霈

道霈的事迹以《还山录》卷四中题为《旅泊幻迹》的自传最为可靠：

名道霈，乃先师所命。字为霖，则闻谷老人所赐也。自号旅泊，亦云非家叟。福建省建宁建安人。父少轩公，性任侠而实有阴德。母朱氏，事佛惟谨，年三十无子，祷于观世音而妊。母曰："若果生男，当令事佛。"万历四十三年(1615)生。年十四得病濒死，母遣出家，父难之。母曰："此子非尘埃中物，吾业已许佛久矣。"父不能夺其志，遂送归郡东白云寺。礼老僧深公，翌年落发。凡诸经业不由师训。一日睹邻房僧死，忽悟自身无常，有超方之志。至十八岁，闻谷老人自楚入闽，居汾常之宝善，闻之惊喜，请问出生死路头。老人授以念佛毕竟成佛之说。一日侍老人山行，老人曰:“子可教也。惜余老不能成褫，子此去东溪荷山，有永觉静主，真善知识也。子能倾心事之，必有所得。”老人遂以嘱托之，永觉唯唯，命报侍左右，令看柏树子因缘。崇祯七年，永觉出世鼓山，随侍以至。前后四年苦无所入。遂拜辞出岭至杭州。经历诸讲肆凡五年。起信、唯识及台贤的性相大旨无不通贯。属闻老人迁化，永觉赴吊来真寂，即往见之。正欲供通数年听讲经义，永觉忽问曰:“柏树子话作么生?”道霈茫然不知。永觉叱曰:“入海算沙有甚么限?”道霈礼拜而退，不胜惶愧。自是日夜不安，寝食无味，凡数阅月。一日读正法眼藏，见临济示众曰:“有一无位真人，在诸人面门上出入。”忽然有省。其后，回观诸祖语录，了无滞碍。复上真寂通所得。永觉征曰:“山河大地与海是同是别。”答曰:“岂有别耶。”永觉以戒尺击案曰:“汝为什么不痛。”道霈不知落处。永觉曰:“汝须向这里参始得。”道霈礼拜而去。时有密云盛化天童，遂往参礼。入室即问曰:“山河大地与学人自己是同是别。”天童便打。经六阅月，一日经行至三鼓，昏倦已极，将解衣就寝。忽然虚空迸裂，髑髅爆散，全体现前，庆快无以云喻，遂危坐达旦。次晨作偈呈方丈曰:“一水一山何处得，一言一默总由伊。全是全非难背触，冷暖从来只自知。”天童阅罢曰:“如何是汝自知的道理。”道霈曰:“分明举似和尚了也。”天童曰:“举似个甚么?”道霈便喝，天童拟拈棒，道霈拂袖便出。次日入室，天童尚未认可回答。道霈乃私自念:“恁么答有什么不是处?复念欲还真寂见永觉吐露一上，遂去呈上所悟。”永觉喜曰:“子已入门，但未升堂入室耳。”道霈曰:“更有什么事?”永觉曰:“子向后自知。”道霈礼拜退。留两月复辞去。登西天目，因阅明教嵩和尚孝论，遂念双亲垂老，乃下山至真寂圆大戒。辞永觉还闽省亲。既而永觉亦还鼓山，复得时时亲炙。后结茅于大百丈山。双亲贫，每下山乞食以供甘旨。及父殁，遂度母出家。同入山修净业，凡五载。顺治七年，母告寂。治丧事竣，复上鼓山，领维那职。凡入室勘诘，前所印可者皆翻案不许，不胜迷闷。一日永觉曰:“子还知病之所在否?”道霈曰:“不知。”永觉曰:“云门云:达得一切法空隐隐地，似有个物。岂非子之病耶。”道霈沉吟良久曰:“正坐此耳。”永觉曰:“无妨放下便稳也。”道霈便礼拜。一日堂中静坐，闻放生所中群鹅噪鸣于耳根中。三真实法一时现前，动静二相了然不生。次日上方丈通所得。永觉曰:“前皆识境，此智境也。宜善保护。”其后就庞居士和马祖之话，代马祖下一转语，被永觉呵出。正迷闷，不觉撞破石门，乃廓然开解。即冲口说三偈。次日呈之，永觉颔之。后永觉时出洞上宗旨示之，道霈一一答颂，皆泯然契合。时年已三十有八矣。明年辞归建宁广福庵，掩关三载，密自锻炼，切欲拭绝人世。永觉乃垂书诫之云:“佛法欲灭，汝当勉励。不可因时难而自退也。”乃出关上山省觐。凡三年，日加淘炼。顺治十四年，永觉年八十。集众僧伽黎麈拂见付。升座示众，观其提唱，永觉称善。永觉示寂，继席开法。时顺治十五年，道霈年四十有四矣。一住十四载。至康熙十年倦于接纳。适法侄石潮宁公入山省觐，愿请继席。即日拂衣去。时年已五十有七矣。后自是以旅泊僧自号。随缘漂泊，住无定踪。后至东和之宝福。山中大众逼请还山。络绎于道。道霈遂曰:“七十不掩息，当归矣。”年临七旬，被逼请践前约。不得已于康熙二十三年再次还山。上堂时有“屴崱峰头云一片，乘风飞去又飞来。作霖作雨浑闲事，惹得虚空笑满腮”之语云。道霈尝有愿不另造塔。盖不欲以臭髑髅费檀信膏血。若终此山，如亡僧常规，拾骨入舍利窟众塔足矣。若终他山，当处死当处埋，万勿移动。

康熙壬午(四十一年,1702)示寂。年八十八。在舍利窟的西舍供奉着门人大心化身塔。为霖在鼓山住持前后三十三载。法门盛行一时，人皆称为古佛再世。

道霈的著作，从他的自传来看，有如下之多:在鼓山有《秉拂录》一卷、《鼓山录》六卷、《餐香录》八卷、《还山录》四卷，在温陵有《开元录》一卷，在玉融有《灵石录》一卷，在建州诸处有《旅泊庵稿》六卷，《法会录》三卷;其集古有《圣箭堂述古》一卷、《禅海十珍》一卷，其忏悔法有《八十八佛忏》一卷、《准提忏》一卷，其净业有《净业常课》一卷、《净土旨诀》一卷、《续净土生无生论》一卷;注释有《心经请益说》一卷、《佛祖三经指南》三卷、《舍利塔号注》一卷、《发愿文注》一卷;其往复书问有《笔语》一卷。以上共二十种四十四卷、其纂述有《华严疏论纂要》一百二十卷、《金刚般若经疏编纂要刊定记略》三卷、《护国仁王般若经合古疏》三卷。

《大日本续藏经》中收录由其撰写的《四十二章经指南》一卷、《遗教经指南》一卷、《沩山警策指南》一卷、《圣箭堂述古》一卷与由其重编的《永觉元贤禅师广录》三十卷，以及由其弟子记录的《秉拂录》二卷、《餐香录》二卷、《还山录》四卷、《灵山法会录》一卷、《旅泊庵稿》四卷。(常盘大定 文)

涌泉寺

传说很早以前，此地的深潭中有毒龙栖居，时常出来危害百姓。唐建中四年（783），从事裴胄请灵峤禅师入山，诵《华严经》降龙，从此龙不再危害百姓。因此奏请在其旁建一寺，称华严寺。后遇会昌法难，僧众逃散，寺院即告荒废，荆棘丛生达七十余年。到了五代后梁开平二年（908），闽王王审知为镇龙潭，花费巨款四十余万重辟此山，大建寺院。延请名僧神晏，大阐宗猷，僧常万指。宋真宗曾赐匾额“鼓山白云峰涌泉禅院”。明初重修，明永乐五年（1407）改禅院为寺。嘉靖年间（1522—1566）被毁，仅存白云廨院，清顺治年间（1644—1661），元贤又重修一次。道霈继主法席。康熙四十九年（1516），赐御书匾额。

要而言之，鼓山最早在唐朝开山，兴于五代后梁，后经过宋元，统率法席者均为法门龙象，大振宗风，是东洋的大法窟。到了明朝，走向衰败，嘉靖以后更是近乎荒废。直至永觉元贤大师住持，重新兴建，百废俱举。为霖道霈继位后，鼓山名扬中外。鼓山有三大藏，加之藏有众多佛典，足以说明近世有高德学富之大僧居此，亦足以夸耀于四百余州中。寺院境内有喝水岩、国师岩。寺院后有神晏国师塔，西面山丘上有永觉元贤塔、为霖道霈塔。山脚下有白云廨院。

鼓山图（《福建通志》）

寺院境内的景观，在为霖的《重兴白云廨院记》中虽只是简单叙述，但文笔优美。文中写道：

三门之前清溪潆带，古榕繁阴。度石桥右折而西数十武建通霄亭，乃鼓山最初入门处。三门之左过东际桥，沿岭而上，名通霄路，约十里许，古松遮道，石磴逶迤，年久崩陷，乃重甃甓，直达寺。路上共建五亭，以便憩息。至此而大局已周。稍复古迹。

涌泉寺现在（1929年1月10日）可以说是中国最为兴盛的寺院之一。其完备的堂阁是其他寺院无法比拟的。朱子书写的标榜为“闽山第一”之门为第一门（图81），经过白云廨院（图82-1、图83）前，渡过东际桥（图82-2）进入山路。穿过中国稀有的松林，经过仰止亭、半山亭、圆通庵、更衣亭，就到达寺院境内。在半山亭有阿育王方塔（图84-1），在更衣亭的附近有两座石塔，一塔为宝箧印塔，塔身阳刻势至等四菩萨。（图84-2）入寺院境内，可先看到左边有三座石塔。由此登上山径到达第二门，蜿蜒砌道垩屏、密树蓊郁之间，可见右边有亭，曰驻锡亭。（图85-1）进入第二门，右边可见关帝庙。庙前有放生池，隔池可望见正面的天王殿（图88）。左拐过小山脚再右拐就可登上天王殿。关帝庙号回龙阁，三层楼上安放着关帝像，配有妈祖、顺风耳、千里眼。以三层的关帝庙为中心，左方有同样的三层阁，右边有二层楼。登览人士可于此驻足观赏。（图85-2）

从关帝庙可看见涌泉寺，天王殿、钟楼、大雄宝殿等，纵横交错。在鼓山中腹茂盛的林中，白垩的屋檐和墙壁因线条的曲直而显得壮观，映在放生池中的倒影更增添几分雄壮之美。（图86）天王殿挂着涌泉寺的匾额，前面设有五间玄关。（图87）在玄关的石柱上有各种刻词。阁楼里的支轮、梁上的短柱，虹梁的下端下垂的垂花，全是红、绿、白等颜色，绚烂多彩，内部的四大天王，有两尊是新漆过的。不断地翻修体现了寺院的昌盛。三层高的钟、鼓楼二楼刚刚翻新过。（图

93-1) 图 97–1 所示的关帝庙以及如图 97–2 所示的鼓楼是大正末年（1926）拍摄的，与昭和四年（1929）作者前去访问时的照片（图 85-2、图 93-1）相比，可以知道其经过不断的维修。大雄宝殿、法堂的配置与平常无异。大雄宝殿为重檐歇山顶建筑，使用石柱而不用斗拱。前院有高大的石墙支撑，在顶上缘石的前面，刻着石鼓名山，在石阶下的左右有钢铁建成的大柱。（图 89）大殿内部三尊佛的背后，以地藏王佛为中心，左右配有舍利弗、目连两罗汉，这在其他地方是看不到的。左右两侧列的十八罗汉的台座上，刻着“嘉庆丁卯住山新妙募缘敬塑罗汉全身全堂”。这里加入了嘉庆十二年（1807）重修的记录，其后多次重修。

如图所示，涌泉寺之配置以天王殿、大雄宝殿、法堂为主体，右侧有华藏堂、鼓楼、戒堂、上客堂、禅堂、祖师堂，左侧有地藏殿、钟楼、闽王祠、伽蓝祠、客堂、餐香堂、祖堂、正法藏殿、客楼、绅客堂、星居堂、大悲楼、香积厨、库房等;除此之外，还有祖师堂、寿昌堂、经版楼等。这些均为元贤再建及道霈重建以后的建筑，一切都齐备完善，确属稀有，是其他寺院无法比拟的。从耸立于伽蓝右边之高山，由侧面望其全景时，法堂、大雄宝殿、钟鼓两楼、华藏堂、客楼等鳞次栉比，瓦甍相连，如波澜起伏。（图 90）

祖堂是开山堂，祖师堂安置达摩以后历代的位牌。鼓山属于曹洞宗，以洞山良价为第一代，第十二世雪窦、第十三世如净、第十四世鹿门自觉、第十五世青州乃至第二十世雪庭以及其后的少林寺洞宗系谱，第三十世廪山常忠、第三十一世寿昌慧经、第三十二世永觉元贤（第六十三代住持）、第三十三世为霖道霈，以后相传至现在的住持第五十世达本。据此应该可以了解寿昌流派。有寿昌堂也是自然的。祖师堂内挂着永觉元贤以及为霖道霈的画像，还附有赞美之词。（图 91、图 92）

元贤、道霈二人德高学富，于明末清初，让一时陷于衰败的鼓山重新振兴，臻于如今盛况。二人对鼓山的贡献仅次于开山祖神晏。不仅在山中都有堂堂的墓塔，在祖师堂中还挂有画像。画像一定是仿真的吧。二者均有各自的赞辞。元贤的是道霈题写的，道霈的是林之蕃题写的。

正法藏殿有“三藏”，一为明藏，二为清之龙藏，三为藏外之典籍。在这里可以看到明末清初元贤、道霈两学者的影响。藏经橱记有“光绪三年，住持复本，同首座微妙募、吉旦立”。中间安放的是毗卢尊者。关于正法藏殿，在其后的碑文里做了描述。在藏外的典籍中，有如智旭的《成唯识心要》十二卷、为霖禅师的《泉州开元语录》一卷、《灵石俱胝寺语录》一卷、《圣箭堂述古》一卷、《示修净土诀》一卷之类的典籍。藏书目录也有整理。

经版楼有鼓山所刻之佛经雕版，其印刷品可敷信者之需。厨堂有刻有天圣五年丁卯岁八月的铭文的石槽。大概是叙述鼓山历史的最早的东西吧。还有过堂，是迎接四方云水的地方。

鼓山之著名是由于其风物绝好。风物中有关国师岩、灵源洞、喝水岩之传说尤多，可称奇绝。传说开山祖神晏大师在这里坐禅，身旁泉水淙淙流过，哗哗大响，神晏大喝一声，泉脉为之改道。这就是以灵源洞为中心，有国师岩（图 93-2）与喝水岩之盛名之原因。（图 94、图 95-1）在宋朝李纲咏灵源洞的五言古诗中有如下的诗句，足可推想鼓山的风景之美。“舍舟访招提，木末缭危磴。凌云开宝阁，震谷韵幽磬。”这几句是对从山脚到寺院的一般性的叙述，简洁的四句中就能品味到其情其景。接着写到灵源洞：“灵源更瑰奇，岩壑相隐映。森罗尽尤物，无乃太兼并。伟哉造化力，至巧于此罄。烟云互卷舒，变态初不定。岂惟冠一方，实最东南胜。”由此，宋代以后，韵人学士到此山游览，接踵而来。有关灵源洞的古诗，有宋代的蔡襄、李纲的五古、李观的七律，元代王翰的五律;有关喝水岩之古诗，有明代唐震之五古与黄泽之七律，有清代赵国麟、潘来、朱珪之五古与吴廷华、王朝屏之七古，孙承宗的五律。其他的数不胜数。正因为如此，鼓山的岩石呈现出几乎被宋代以后的石刻掩埋的壮景。泰山、焦山的石刻也非常多，但鼓山的石刻可能是最多的了。其盛况如潘来在其五古诗中，以寥寥数语道破肯綮：“此地信名区，来游古不少。题名石如林，爵系半可考。笔踪俨犹新，其人骨已槁。”虽说满山富于石刻如斯，然于灵源洞附近怪石中，所见最多者乃有元丰、政和、绍兴等年号之宋人笔迹。（图 96）覆于灵源洞之上者，乃大悲阁。（图 94、图 95-1）灵源洞、喝水岩刻满了宋代以后的骚人佳句，是大悲阁的建造之地，这里还刻着“灵源洞”“喝水岩”。但是现在的喝水岩稍稍东移，新建了观音庙。（图 95-2）鼓山的名胜就是这样伴随着它的昌盛而逐渐扩大的。

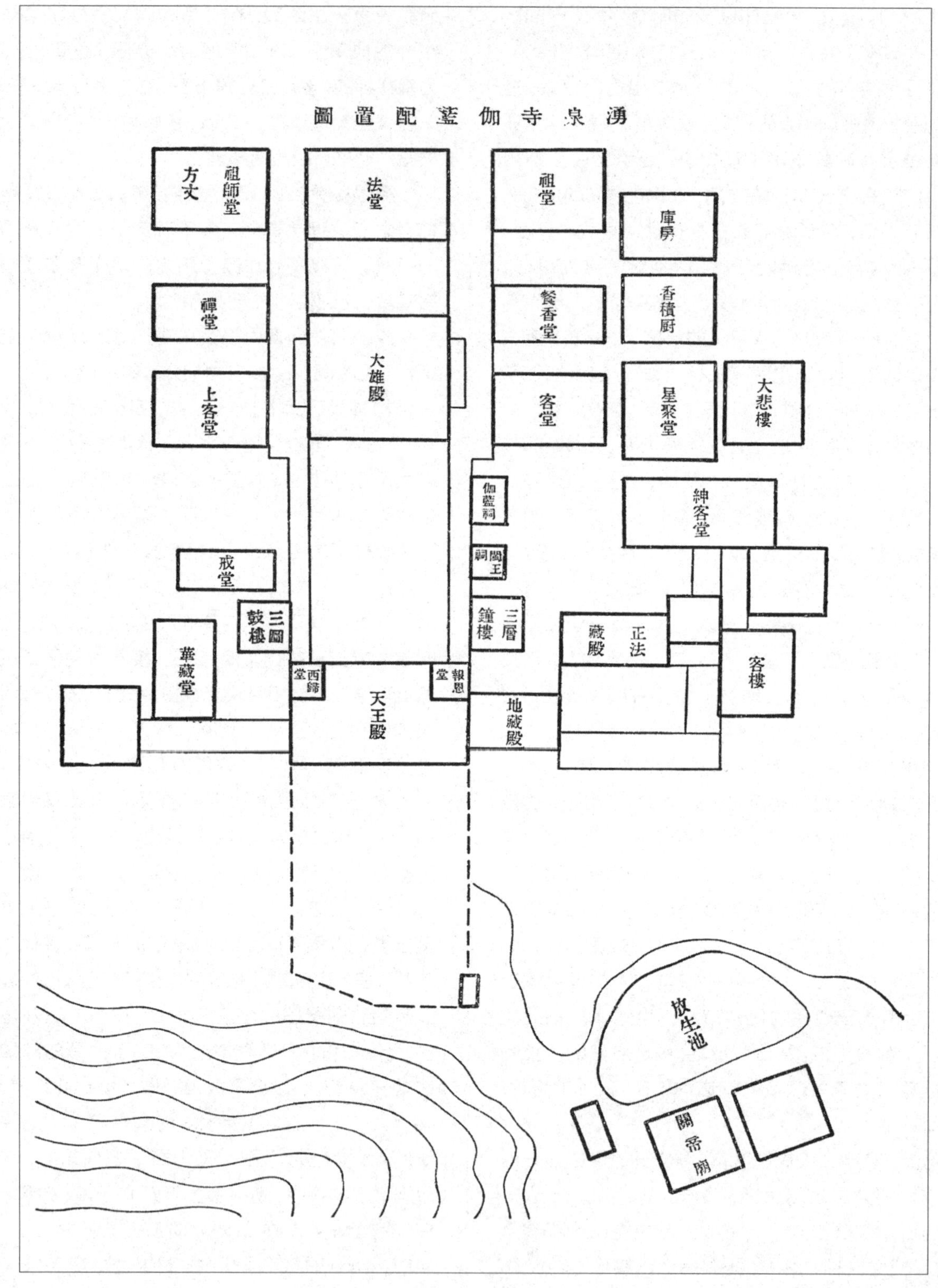
湧泉寺伽藍配置圖
祖師堂
方丈
法堂
祖堂
庫房
香積厨
禪堂
餐香堂
大雄殿
上客堂
客堂
星聚堂
大悲樓
伽藍祠
紳客堂
閻王祠
戒堂
三層鼓樓
三層鐘樓
正法藏殿
華藏堂
西歸堂
報恩堂
天王殿
地藏殿
客樓
放生池
關帝廟

涌泉寺伽蓝配置图

图81 · 鼓山 · 山麓 · 第一门

图 82-1・鼓山・白云廨院・全景

图 82-2・鼓山・白云廨院・附近・东际桥

图 83・鼓山・白云廨院

图 84-1・鼓山・半山亭・阿育王塔

图 84-2・鼓山・更衣亭附近・宝箧印塔

图 85-1·鼓山·涌泉寺·第二门及驻锡亭

图 85-2・鼓山・涌泉寺・关帝庙

图 86 · 鼓山 · 涌泉寺 · 前面全景

图87·鼓山·涌泉寺·天王殿

图 88 · 鼓山 · 涌泉寺 · 天王殿 · 细部

石鼓名山

图89・鼓山・涌泉寺・大雄宝殿

图90-1・鼓山・涌泉寺・侧面全景

图 90-2 · 鼓山 · 涌泉寺 · 侧面全景

图91·鼓山·涌泉寺·祖师堂·永觉元贤和尚像

图 92 · 鼓山 · 涌泉寺 · 祖师堂内 · 为霖道霈和尚像

图 93-1·鼓山·涌泉寺·鼓楼

图 93-2 · 鼓山 · 涌泉寺 · 国师岩

图 95-2 · 鼓山 · 新喝水岩 · 观音殿

图 95-1 · 鼓山 · 灵源洞前 · 宋碑

图 94 · 鼓山 · 灵源洞及大悲阁

猶如天竺
咸豐乙未歲季
世濟蔡君謨
慶曆丙戌孟秋
八日遊靈源洞

图 96 · 鼓山 · 灵源洞附近 · 宋代时刻

图 97-1・鼓山・涌泉寺・关帝庙

图 97-2・鼓山・涌泉寺・鼓楼

开山塔

位于法堂之后。题写着本山兴圣晏国师之塔，后面立有博山铭碑。国师塔原来在侯官县大嘉山，后周显德四年(957)，闽越王王审知将其移到这里。这是国师圆寂后十四年的事。与同时代的雪峰、长庆的墓塔相比，形式不同，作为国师的墓塔，显得过于粗糙。大概是博山时代重建的吧。(图98)

图 98・鼓山・涌泉寺・神晏国师塔

佛心(本)才和尚塔

《鼓山志》记:“在香炉峰前,位于寺院境内前方左侧三塔之中央,乃崇祯九年元贤和尚所建。”(图99)佛心,讳本才,(据《鼓山志》记载,是本寺第二十五代住持;《鼓山联芳集》作第二十六代)本州长溪人。随地藏寺长老志平剃度受具,游历四方,从黄龙清公处得法,后应邀历住南岳上封寺、湖西道林寺、本州东山大乘寺、乾元寺、福清灵石寺。绍兴十五年(1145),受当山之邀至鼓山伊始,即衲子辐凑,常至五千指。华岩阁在方丈室的东边,由于不便瞻礼,故在别处建阁迎放五十三尊高僧像。壬申(二十二年,1152)圆寂,七十五岁。次年于历代塔的右边为其建塔。佛心是宋代的禅德,其墓塔在历代塔的右边,是元贤把它建在这里的。由此可见,此塔在明代时曾经被毁。

寒岩(道)升和尚塔

位于三塔中右方,是崇祯九年(1636)元贤建造的。(图99)寒岩禅师,名道升。据《鼓山志》载,寒岩乃本寺第三十一代住持,而《鼓山联芳集》记载为第三十二代。据记载为建宁府人。佛智裕禅师的弟子,出家于泉州延福寺,后移至宁德的支提寺、泉州的承天寺、洪州的黄龙寺、宝峰寺。乾道癸巳(九年,1173)移至鼓山。为了回收被权门掠夺去的寺田,派遣弟子本妙,前往行宫参拜,陈述理由,经过两年尚未解决。于淳熙三年(1176)圆寂。其弟子将其葬于香炉峰之下。由此可知,寒岩也是宋代的学德,是护法僧。

无异元来和尚衣钵塔

三塔中,位于左边。据《鼓山志》记载:是本寺第六十一代重开山祖无异元来大舣。从元贤所撰《博山无异大师衣钵塔铭并序》(《永觉广录》卷十八)记载来看,闽中鼓山大仰诸刹,亦屡请无异和尚结制。从《无异和尚传》来看,因闽中之固请来到鼓山。但在山中留住时间不长。据元贤传记载可知:崇祯九年,在香炉峰下建佛心本才及寒岩道升二位大师的墓塔,还为收藏无为和尚的衣钵而建了塔。无为元来是元贤的恩师,在博山圆寂,本不应在本山有墓塔。后面立的白色大理石碑是元贤题写的博山无异大师衣钵塔铭。

《永觉广录》中有序,据此可知无为和尚的一生。(图99)

图 99 · 鼓山 · 无异元来衣钵塔及两和尚墓塔

重兴鼓山永觉大师之塔

据《鼓山志》记载:“大师是本寺第六十三代住持,塔的位置在西畲桧堂上。深掘大自然的松林,全部用石辟成一区,和中央整体规模相比,墓塔显得较小。”(图100)

图100·鼓山·永觉元贤大师塔

重兴鼓山为霖禅师之塔

据《鼓山志》记载："为霖禅师是本寺第六十五代主持，塔的位置在别峰下的舍利窟西畲。康熙四十四年（1705）大师圆寂三年之后建成。规模和元贤的相比，不相上下。"（图101）

图101・鼓山・为霖道霈禅师塔

海会塔

在别峰的中腹。（图102-1）图中的塔位于中央，其前方左右各有塔。据说中塔已满，现如今都在前面的左右塔下纳骨。海会塔又名普同塔，是住在本寺的全体僧侣的共同墓塔。宋大观三年（1109）第十九代有需禅师创建。后来历经几度重建，所以才有堂宇覆盖其上。

图102-1·鼓山·海会塔

重兴鼓山遍照大和尚塔

在别峰下。其规模不如永觉、为霖的墓塔，而且还与另外两位和尚同葬。《增置鼓山寺田碑记》中记载："遍照于乾隆年间，凡二十余年，不辞辛劳，重兴百废。"（图 102-2）

在此附近还有奇量和尚之塔，有其弟子妙莲大和尚之塔。妙莲是光绪三十四年（1908）从南洋的华侨布教归来重兴鼓山的和尚。两塔的规模和遍照之塔相当，体现出元贤以后鼓山的昌盛。（常盘大定 文）

图 102-2・鼓山・重兴遍照大和尚及其他两和尚墓塔

鼓山之碑像

鼓山有很多碑。据《鼓山志》记载:“有元贤建的重建鼓山涌泉禅寺碑,道霈建的永觉禅师寿塔铭碑,现已不在。清初的石碑都已散失,何况宋元时代之物——一个都没有保存下来。”在一山中拓得六碑,碑上文字如下:

◎博山无异大师衣钵塔铭。元贤撰。

◎重建鼓山禅寺塔院之记。明弘治七年。

◎正法藏殿安奉大藏经灵牙舍利宝塔记。清顺治十七年、道霈记。

◎修藏经记。清道光三十年。

◎增置鼓山寺田碑。清咸丰六年。

◎重兴鼓山碑记。清同治十二年。

在这些碑中,前已记述了第一块碑,在此叙述另五块碑。据这些碑可以得知是何人如何供奉大藏经而且还保护得很好并传至今日;还可知塔院设置的意义以及其功能,鼓山的大众如何没有后顾之忧地进行修道生活等情况。各类碑存世如许,可为吾人提供判明上述各种问题之资料,且因极其罕见,故决定详细调查之。此类碑文实为了解中国寺院经济之良好素材。

重建鼓山禅寺廨院之记碑

白云廨院乃鼓山白云峰涌泉禅寺分院也。位于山之麓,为耕垦接纳之所。上下两刹有如身与臂,互相为用而不可缺。起初为闽王王审知建造,自是以来历年八百,主法者更有八十余代,其间建置因革损益不能殚述。至明弘治辛亥,下院灾,陈公道捐资重建。为记录此因缘而立此碑。

碑位于鼓山西麓廨院内。明弘治七年(1494)二月住山沙门慧囗所立。王克复撰文,谢仕元题额,谢璃书写。据碑记:廨院设知客专任者,于此接待宾客,夜栖游僧,以资外来者之便。同时又收钱粮等,兼司寺内会计。弘治年间(1488—1505)遇天灾,廨院遭毁,是年福州府僧纲司都纲德一率徒大举复兴之业。

钦差总镇陈公道嘉赏德一的志气，亲自捐资重建，终成就之。堂宇的富丽堂皇，据说超越之前的记载。其作业是如何有秩序的，在阅读的过程中会体会首肯的。

廨院其后的变迁在《为霖禅师还山录》卷四中的《重兴白云廨院记》里有详细记载：是康熙二十七年戊辰住持为霖所记。嘉靖二十一年（1542）上寺受灾，僧众尽集中于下院。蜂房蚁穴，人各为家，渐至沦替。崇祯七年（1634）甲戌永觉元贤来主是山。百废俱举，却无暇顾及该院。当时下院旧僧寥寥，困于徭役，未及十载，亡没殆尽，而院遂废。乃请藤山谛公住持。后又几更主者，皆不克振。颓垣败屋，过者疑将倒塌。最后的住僧惟佳勉守香火，又一夕暴卒。而院益无主。顺治十四年（1657）丁酉永觉示寂。翌年道霈继席。明年顺治十六年（1659）己亥，监寺道悟成源募众，求大木于建溪。尽撤朽弊，重新架造。前为三门，中为普门殿，后为大雄殿。殿后为插锹堂，以居僧众。普门殿之右大仓场则仍其旧，略为修改而已。以重装金像，赎回南北园果树。大方伯何公又于南园建殿，以奉普贤大士。此院自己亥重兴，历年三十，僧众云聚，居常八百指。外修苦行，内勤禅戒。往来憧憧，接纳不倦，实涌泉之化城。（图 103-1）

此记宛如将现存的廨院呈现在眼前的记述。

（常盘大定 文）

图 103-1 · 鼓山 · 涌泉寺 · 重建廨院记碑 · 拓本

正法藏殿安奉大藏经灵牙舍利宝塔记碑

为近代中国名僧道霈所撰，记述永觉老人元贤时期，安置建州秀华滕君所施《方册藏经》于法堂东侧，并藏温陵黄独炤居士所施的，由僧太清、等照等从金陵带回之《梵筴藏经》于鼓山之事。还记述灵牙为三山林得山居士所施，舍利为宜兴曹安祖居士于明崇祯年间（1628—1644）在洪福寺所得之经纬。如今殿堂为顺治十七年（1660）所建，中央安置舍利，两侧各排放敕赐藏经橱（高一丈、宽六尺）六个，收藏《大藏经》。《大藏经》与佛舍利合放。额题“正法藏”，文中意旨为：佛灭度之后，正法东流以来，众生所赖以开慧眼，植福田者，唯三藏微言和舍利塔庙。而三藏十二部是法身舍利，灵牙珠子是生身舍利。法藏即舍利，舍利即法藏，因此把此殿命名为舍利，总称正法藏殿。殿中左右安奉二藏经，还造一石塔，其中供奉灵牙舍利，使登斯殿者，礼斯塔，翻阅斯藏。文中关于舍利的记述最详细：

宜兴曹安祖居士于崇祯甲戌间（七年），监军中州，因流寇侵境，取通许县洪福寺圮塔修城。至第四层，得一石匣，启之，中有水晶瓶七，俱贮舍利，银瓶一，中贮佛骨一节。考之旧碑，系宋仁宗皇祐元年，太后曹氏命中官取宫中所有佛骨、舍利藏之于此。时当事者遂各持散，曹公得其一，持归，拟建塔于邑之南岳寺，以病弗果。临易箦，付檇李曹愚公居士，居士转付永觉。永觉既以原瓶建殿，立塔于宝善庵，乃复分其半来鼓山，巨细共计七十八粒。贮以沈太树所施之晶瓶，亦拟建殿塔，以启四众福基。第以时事多故，未及就绪。道霈勉承遗意，乃命比丘太靖、等照、兴宣募化，于净业堂之前建殿。善友池太长捐资以陶瓦烧砖完成砌盖。始工于顺治己亥（十六年）之冬，落成于庚子（十七年）之秋。

由此可知该正法藏殿系永觉元贤、为霖道霈师徒苦心建成，乃于鼓山内最为倾注心力之殿堂。（图103-2）（常盘大定 文）

图103-2·鼓山·涌泉寺·正法藏殿安奉大藏经灵牙舍利宝塔记碑·拓本

修藏经记碑

此记为清道光三十年(1850)陈经所撰。据记载:寺中有万余卷藏经,分存在十二个橱柜里。明正统五年(1440)的锓板在左边的六个橱柜中,是康熙五十三年(1714)钦赐的。雍正十三年(1735)的锓板在右边的六个橱柜中,是乾隆七年(1742)御赐的。嗣因岁久,叠遭朽蠹。道光八年,主藏僧滋亭愁然忧之,罄所积钵资四百余金,先修《北藏》,补录其中失帙三百余卷,至十四年竣工。是年旱涝频仍,斋粮莫给,僧众四散,伽蓝破败。乃延请滋亭主持寺务。滋亭亲自雇工耕种,筹划全山事务,自此不绝储粮。道光十七年(1837),因年老多病告退,寄栖白塔寺。至道光二十一年(1841),募资重修,焕然一新,仍上山料理藏经。至道光二十三年(1843),为保护二藏,制作楠木橱十二架,以储放藏经。前后工费不下两千金,皆为滋亭募缘而来。滋亭系闽县人,二十七岁跟随了堂出家,云游十三省,恪守清规,道光二十四年(1844),僧腊以年四十圆寂。

鼓山正法藏殿储放明"二藏"、清"一藏"等"三藏"。分别收纳于橱柜之中,秩序井然,纹丝不乱乃他处无法比拟。而可与之比肩者仅福州西禅寺。据作者所知,在其他地方是看不到的。鼓山藏经这样完整且保存千年之久,实在是滋亭老人的功绩。碑记中所记的明正统五年的锓板是明朝的北藏,雍正十三年的锓板是清朝的龙藏。其他的明藏之一是南藏还是北藏?作者前往的期间,无暇调查这一点。滋亭于修藏方面居功甚伟,但其又一大功劳是让鼓山的经济得以自立。碑记中写道:"斋粮莫给,僧众四散,山门住持虚无人焉。林中丞买米上山,延滋亭以代。滋亭既应首席,广结善缘,修天王殿,复般若庵,查追田亩,自己雇工耕种,并增置田产,以充斋食,自此寺内不至无米之炊者。"滋亭原为主藏僧,住在廨院。然滋亭制定的经济制度至今还在严格实行。现山中腹地,寺院四周皆有耕地,显示袈裟僧众四季常耕,已臻自给自足之境地。有《鼓山清规》,记述生活要点。寺院的自给自足的计划本来早在道霈时代便已初见端倪。滋亭一定是在实践道霈的遗训吧。

在康熙二十七年戊辰(1688),为霖道霈写的《重兴白云廨院记》中,有记载关于僧众耕作之事。"时两寺(上院与下院)僧众五百余。从上田产升合无存,惟佃民田数百亩。比丘有修苦行者,愿竭力耕作输租之外,取其赢以供众。不足则托钵副之。"由此可知,鼓山实施自给自足的计划在为霖道霈的时代就初见端倪。在经常要收容数百乃至上千修道者的名山巨刹里,这也确实是个必须实行的制度,若向前追溯或许应该说这是闽王王审知在建造廨院时给众生播下的种子吧。(图 104-1)(常盘大定 文)

图 104-1 · 鼓山 · 涌泉寺 · 修藏经记碑 · 拓本

增置鼓山寺田碑

此碑由大清咸丰六年（1856）郑元璧撰写。鼓山寺从五代至宋朝年间，田赋极高。及至元明，又几乎被侵削殆尽；至清朝，虽说募地续垦，但亦仅存百余亩，与原有家业相比，不及十分之一。但乾隆年间，遍照法师出山，辛苦三十年，大兴寺院。后又陷入衰败。前住持光耀和尚继承其师滋亭之志，怀着重振之心，装修法堂、大雄宝殿的三大士、罗汉，又相继募缘兴建天王殿、放生池、斋堂。在完成土木工程后，又筹划供养的费用，新增寺田二十亩。这就是立此碑的原因。

碑记中写道：此田的字号、土名、契价都记载在碑背处。即在拓本碑文的左方看到的三行即是。土名是浦外田、观音田、后圳田，这些田附上洪字、盈字的番号，明记各类田的亩数。（图 104-2）（常盘大定 文）

重兴鼓山碑记

此碑赞颂清朝同治年间（1862—1874）空老和尚重兴鼓山的业迹，以此作为后代住持典范。由碑可知，今天鼓山得以名副其实有“闽山第一”称号，应归功于空老和尚不辞辛劳、专心致志。碑记曰：“斯时梵宇焕然，可以壮观。山路坦然，可以安步。”亲往实地者当谓此言不虚。“广种福田，多结良缘，住僧二千余指”，可见当时之繁荣。鉴于目下该寺还有四百僧人，分粮于乞者，诣者接踵而至之状况，上述陈述绝非夸大之辞。碑记中耀老和尚、心池和尚等人功绩，也值得一提。

据碑记，空老和尚三次被推为此山住持，凡二十余载。在此期间，修复旧迹，兴建新楼，而为给大众分发斋粮，开垦许多自耕田地。合山僧众以和尚为重兴一代大师，特立此碑，志其功德。和尚新建的建筑有寺内的戒月堂、地藏殿、明月楼、澄心楼、海天砥柱亭。寺外有文殊殿、弥陀殿、弥勒院、天风海涛亭、海会塔亭、少住亭。进行修缮的有：修大雄宝殿、补天王殿，装修佛像大庭，整理法堂、各位祖师的宝塔，塑诸天，修理廨院的大殿、普贤殿，修建大桥头的武圣庙及闽侯、福永、莆田各地的桥梁道路。可谓功劳巨大。除兴修外，他人无法企及之功绩还表现在经济上使鼓山实现了自给自足。住僧二千余指，比之古代，已达数倍，食齿过繁，斋粮不继。空老和尚与前住持光耀和尚为补缁粮，一道建廨院，耕民田廿亩，效百丈祖师之意，后又开垦山田于舍利院无泉之地，从无尽门前凿水渠，决之西流，以通灌溉，为此垦田二十余亩。又于增购廨院缁田时，因其水源从民田流出，灌溉困难，故与嗣法心池和尚等倾其钵资，倍价购买，永免借用其他水路之难。此实为万全久远之策，对鼓山大有裨益。此举乃前所未有。合山僧众于春秋二祭时，在延寿塔亭，备好果品奇珍，报偿其巨大的功劳应该说是理所当然的。（图 105-1）

关于鼓山的经济方面，幸好有许多碑文，可以得知其大致的轮廓。这确实是了解中国名刹是如何能够存续两千多年的资料。据说鼓山的田赋于五代至宋期间极多。这表明鼓山有很多田产让民夫耕种。这些众多的田产主要是开山祖神晏时期大保护者闽王王审知贡献的，故回顾闽王在山脚建廨院，便可知其意义。但据说到了元明时代，其田产几乎被侵削殆尽。盖因住持未得其人，逐渐为当地农民侵吞所致。这种事例于所至巨刹皆能看到。在碑文里可以看到明弘治年间（1488—1505）遭遇天灾、廨院毁灭、都纲德一复兴之事。其后又至废圮。明末崇祯七年（1634），元贤虽住持于此，重兴百废，但终无力顾及廨院。元贤圆寂后，继承法席之道霈于顺治十四年（1657）住持寺院，即开展重兴大业，在院后建插锹堂，僧众中有修苦行者，耕种民田获得斋粮。因此可以推测当时寺产极少。乾隆年间（1736—1795），遍照法师经过三十年刻苦奋斗，重兴寺院，但寺产如何，不甚明确。自道光十四年（1834）起的三年时间，滋亭被请来鼓山住持，为濒临衰败的鼓山增置田产，制定了自给自足大计。其弟子光耀继位后，又增置寺田二十亩，空老继位后不仅又增置寺田二十余亩，还利用多种方法让二千大众住山修道。经过滋亭、光耀、空老三代的努力，鼓山的经济状况得以恢复到五代、宋朝时的情形。给到此一游的游客留下的第一印象是这座大山充满着活力。该活力具有内外两因，内因即如元贤、道霈等学德造化，外因即如滋亭、光耀、空老等实践使然。（常盘大定 文）

重興鼓山碑記

蓋聞昌隆佛法之功必待非常之人惟非常之人能成非常之功吾閩鼓山為省會第一叢林歷有聖師昭彰可考茲有重興空者和尚者三住名山道德昭著不徒能修梵宇以光法席而且新建者內則有戒月堂池藏殿明月樓[illegible]心樓海天[illegible]柱亭外則有文殊殿彌陀閣彌勒院天風海濤亭海會塔亭乃至住亭以及[illegible]而復修辟院之大殿普賢殿又建修大橋頭之武聖廟界內三間批進年租錢二百餘千按月撥出六千四百文以為舍利院香燈之需其餘本山充衆又修閩侯福永莆等邑之橋梁道路無不整砌坦平歷潮缁流惟師屢建善功紳曰樂善不倦衆曰[illegible]心[illegible]海者也至于省會縉紳無不欽慕師德二舉為茲山住持閱二十餘度春秋復舊跡建新模不計辛勤不辭勞瘁無廢而不興無功而不立斯時梵宇煥然可以壯觀山路坦然可以安步皆師之功也而且廣種福田多結良緣住僧二千餘指北古數[illegible]食為太繁[illegible]粮莫繼而師與前之耀老和尚共置兩院民田數十畝以補缁粮故百丈祖師之意後開山田于舍利院無泉之地從無盡門前鑿水路夫之西流以道灌溉計有墾田二十餘畝又與村中追回東[illegible]山坍並園五百餘畝外更自墾田園十餘畝以為彌勒院口粮又添買廨院缁田奈因水源出自俗田轉輸灌溉甚見為難而師與嗣法心池和尚等傾其鉢資倍價承買永免借他水路之難如此大費苦心籌畫久遠之計誠大有俾益于茲山不愧為重興一代之師也故常住大衆見師之功垂不朽德蔭無窮遂[illegible]派庫房取出青蚨五千文以備菓品齋珍恭于延壽塔亭春秋二祭方酧極大勛勞以為名山勝跡同垂不朽謹捋[illegible]為善事畧舉其概勒碑永遠以為後代住持之模範並誌師之功德聊作[illegible]香之[illegible]云爾

同治十二年十二月　日　吉旦　合山大衆各執事仝泐石

图 105-1・鼓山・涌泉寺・重兴鼓山记碑・拓本

增置鼓山寺田記

鼓山湧泉禪寺自五代及宋田賦稱盛歷元明侵削殆盡

國朝以來雖經山僧募置續墾僅計百餘畝視故業已十不及一矣乾隆間徧照禪師運菩提心募化與修百廢具舉不辭勞瘁者幾三十年而寺賴以振自時厥後漸復頹廢前住山光耀和尚承其師滋亭之志慨然以起廢扶傾為己任自法堂以及大雄寶殿裝三大士羅漢天王殿放生池齋堂逓次募修既畢土木之功復謀供養之費以所餘鉢資增置寺田二十畝從茲香積無虧俾千指焚修得以一心皈向其惠庇叢林非淺鮮也昔古越余公讚徧照師謂天下事惟出於至誠則難者可易廢者復興而精神所貫注能使禪燈永耀德水常充設非恭宸上乘具大願力有如斯乎光耀和尚亦何愧乎斯語是為記其田之字號土名契價具載碑陰以備考

大清咸豐六年歲次丙辰仲秋既朔

翰林院編修陝西道監察御史鄭元璧撰

翰林院庶吉士前任吏部掌印郎中邱景湘

郡人　翰林院修撰護理廣東雷瓊道林鴻年　仝勒石

翰林院編修四品銜候選員外郎郭柏蔭

鼓山里三圖洪字三十六号土名浦外田官[illegible]二畝八分[illegible]

洪字四十四号土名兆壟田官丈三畝三分[illegible]

图 104-2・鼓山・涌泉寺・增置鼓山寺田记碑・拓本

图105-2·鼓山·涌泉寺·经版楼所藏·阿弥陀佛(木版)

图106-1·鼓山·涌泉寺·经版楼所藏·观音像(木版)

前述六碑皆系石刻。此外，还有藏于经版楼的木板尊像——已是尘埃密布。余拂去尘埃，拓得其三。

阿弥陀如来像

右手开与愿印，左手托宝珠。持宝珠者，或未必是宝生如来或药师如来等。福州一地，自古趋附明朝莲池大师流派者比比皆是。为霖禅师著《净业常课》一卷、《净土旨诀》一卷、《续净土生无生论》一卷。据此可以推断此尊像是阿弥陀如来。上面记着鼓山兴隆敬刊。（图 105-2）

观音菩萨像

戴弥陀化身，两手交叉，立于云中，慈眼视众生的目光注视着前方。该画像以唐朝吴道子所绘观音像为范本，上方为观自在菩萨像，刻着《般若心经》。（图 106-1）

不坏金刚像

根据下部所载《大权经》可知不坏金刚其为何物。据说释尊入灭之际，感念众生之苦，以大遍知神力，幻化出不坏金刚。金刚为使民众脱离苦海，佛法不灭，以方便口说秽迹真言。此金刚由佛之后得智幻化而来，三头八臂，九目三面，身缠八龙，八只手上拿着都摄印、火轮金刚杵、罥索、铃音、利剑、宝印戟，红发竖立，起动化佛。腕佩宝镯，足按阎浮址。

据此经说可知该异形尊像为何等面目。文后记述佛灭之日、金刚十斋日与佛示现期，力说斋戒功德无量。

前述《大权经》在现存的大藏经中没有见到，在缩印版的《藏经（藏八）》中，记载有元广福大师僧录管主八撰《密迹力士大权神三经偈颂》。其最初的部分到陀罗尼为止，文体上有些不同，但内容完全相同。关于八臂所持器杖需特别加注，右边一手开山印、二手金刚杵、三手宝铃、四手宝印戟。左边一手都摄印、二手火轮、三手罥索、四手宝剑。不坏金刚属于密教金刚部，属藏传佛教系统，该《大权经》未传及日本。（图 106-2）

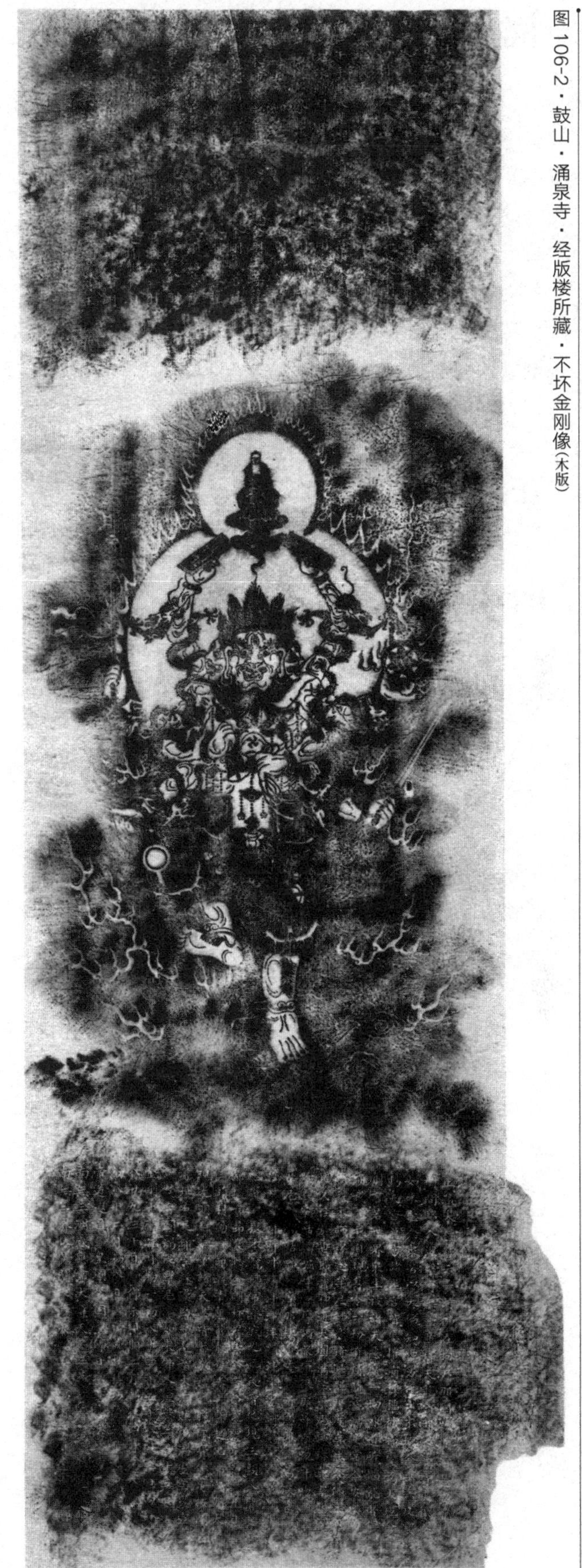

图 106-2・鼓山・涌泉寺・经版楼所藏・不坏金刚像（木版）

福建黄檗山

《黄檗山寺志》把黄檗山的住持分为传法法派和剃度宗派。密云作为明第一代住持开法，费隐作为明第二代（译者注：据《黄檗山寺志》，应为第二代。作者误写为第三代）住持开法，二人属于传法法派；而正圆作为明第一代开山，隐元作为明第三代住持重兴住持开法，属于剃度宗派。在同一住持中区分传法和剃度，各自加上第几代之数字，其制度颇为复杂。

正圆中天

《黄檗山寺志》卷三中以明第一代黄檗山开山请藏赐紫为题，为中天立传：

中天讳正圆，姓陈，惠安人。中天礼福州高盖寺大庵为师。后过黄檗，见祖刹凌替，侵属民间，辄卓锡于兹。诛茅抉莽，备历辛勤，坚志恢复，竟还寺业十之二三，乃构佛堂于大殿之址。既而思业大力微，非帝德法宝，难镇宏基，遂奋然赴阙，奏请《龙藏》。俟命八年，孤苦万殊，不少易其志，卒以疾终于都下。时万历庚戌年（三十八年）也。其后徒孙兴慈、兴寿二祖，不替先志，上请益坚。神宗可叶文忠公奏，遂得赐敕。乃持灵骨归，天启元年，葬于大溪山。塔迄今御典辉煌，殿阁巍耸。

《黄檗山寺志》卷五中还记述了中天的塔：

在四潭之上，建自天启壬戌（二年），坐辛向乙。发祖自大帽，踊跃而下，突起宝峰中，抽嫩枝数节，后方结穴。紫薇屏障辅于左，五云报雨弼于右，狮子驯伏其前，宝盖辉煌于后。仓库叠叠、朝案重重。

在文首之山图中载有该塔。（常盘大定 文）

密云圆悟

《黄檗山寺志》以“第一代住持开法”为题为密云立传：

密云讳圆悟，字觉初，密云其别号也，宜兴蒋氏子。嘉靖四十五年生。依樵为业。万历二十一年，年二十有七，负担度山曲，触积薪于路，忽有省。自是恒自返照，虽穿城市、涉俗缘不少间。越两年弃室。至二十三年，上龙池禹门禅院，投幻有正传公出家。三年后，正传入都门，以院事属密云。一日，过铜棺山顶，豁然大悟。寻北上正传，后辞别南下，归龙池，登九华，泛普陀，涉天台，历览吴越，凡四载。正传召之归，一日，正传集众升座，付密云衣拂，时万历四十二年，密云四十八岁。密云辞不受。云：“直待和尚天年，守塔三载，然后可行则行，当止则止。”正传见呈偈大笑。正传示寂后，密云伴龛三年。诸檀越方请开法，乃继席龙池。天启元年，离开此地，二年乃住天台之通玄峰顶。天启四年，监官文学蔡联璧等，迎住金粟广慧禅寺。阅五载，伽蓝面目一新。崇祯二年，僧隆宓、隆瑞等同檀越叶益蕃、外护林伯春、林宗汉、龚士龙修书，请师住持黄檗。此时之书状二通载于《黄檗山寺志》第六。于二年三月入院。甫一期而监官缁素赍书以八月迎师归金粟，众恳留不可。四年，受阿育王请，后又受请住天童。然天童，自晋义兴开山，宋宏智中兴，至此祖风陵夷极矣。越十春秋，禅林规制全备，共住僧众三万余，指众益繁，师忌盈满，乃出山，渡江过绍兴。问道如市。十五年，遂至天台通玄峰。示微疾，少顷起坐，跏趺未竟，奄然示寂。天童门弟子迎龛归天童，全身塔于寺前山幻智庵之右陇。密云凡六建法幢，其《升堂语要》编成二十卷。世寿七十有七。弘法三十年，剃度弟子三百余人，嗣法门人一十二位。

其教化之盛况，在近代是很少有的。（常盘大定 文）

费隐通容

《黄檗山寺志》里以"第二代住持开法为题"为费隐立传。

费隐，讳通容，姓何。澗邑之江阴松岗人也。万历二十一年(1593)生。年十四出家于镇东三宝殿，礼慧山为师，后同慧山住福州华林祖师殿。十九岁，发愤行脚。初参寿昌，后往参博山、云门、古卓、憨山。后再返寿昌，皆不能了手。欲行脚又思诸方无人。偶阅密云公语录，便知大有过人处，必能了我大事。传圆悟自江西往天台，过寓吼山，费隐闻之，冒雨往谒。便问觌面相提事如何？圆悟以手中念珠尽力照头一打，费隐云:"错。"圆悟立身又尽力一打，费隐尽力一喝。圆悟只管打，费隐只管喝。至第七打，头颅几乎打裂。所有伎俩知见一切冰释。一宿乃辞去。闭关日用得力现前，从前知见一一败露，无一句可用。复往天台亲近圆悟。其间师徒互打，天启三年(1623)，遂辞圆悟回闽住山。结庵于福州茶洋山，住持三年。复移庵于鼓山别峰。崇祯元年(1629)，圆悟以书唤费隐至金粟，欲立西堂，费隐遽辞求进侍者寮。崇祯三年(1630)，圆悟应黄檗之请，立费隐领众。圆悟回金粟时，费隐随送至浦城。应蔡居士之请，费隐留在马峰。衲子云从，渐成法席。崇祯六年(1633)，僧隆宓等、居士林朝龙、薛秉铉、林汝者、陈治安、夏春晖、吴承启、龚士龙等书，请费隐主黄檗法席。此时之书状四通登载于《山志》卷六。即离马峰，后入院开堂三载。语录八卷刊行。《大日本续藏经》中，收有其撰文的《楞伽经和辙》八卷、《般若心经鄙轮解》一卷、《丛林两序须知》一卷、《祖庭钳锤录》二卷、《五灯严灯》二十五卷、同《目录》二卷、同《解惑编》一卷。由此可知其学问之深。

费隐后来又住金粟、径山，据说在径山期间，派遣一年轻禅师将一封语句恳切的书信寄交在日本的隐元，促其西归。其语句情真意切感人，故长崎僧俗曾秘之一时，后见隐元留日意志已决，遂交付于他。金粟是位于浙江省海盐西南的一座山名，山下有金粟寺。径山位于杭州余杭县，其事迹刊载于第三辑。

《黄檗山寺志》以费和尚寿塔开头，记载了该塔。在卷五中记述了费隐容老法祖舍利塔。"在旧轮藏之后。建自崇祯辛已(十四年)孟夏。发脉由罗汉峰，转天柱，巍峨而下。坐亥向巳。群峦环绕，龙虎重交，前案卓立，后峰插汉，诚天然一座福地也。"

据监院如莲所言，此塔现已不存在了。(常盘大定 文)

隐元隆琦

《黄檗山寺志》是隐元原本，后弟子性幽等编订续修。其卷三中以“明第三代住持佛慈广鉴慧光普照隐元隆琦国师”为题为其立传。在此先按此叙述：

隐元隆琦，讳隆琦，号隐元，万历二十年(1592)出生于福清县灵得里林氏家中。父在田，母龚氏。六岁父客于湘未归。自是家产日耗。至九岁入学，十岁废读，遂渐学耕樵为业。每静夜与二三友坐卧松下，仰观天河运转，星月流辉，心甚惑焉。然此道理非佛仙难明，才有慕佛仙之念。志在尘表，无心于世十数年。年三十时，礼黄檗山鉴源师落发。发愿云：“此处若不精修佛行，以坏法门，生陷泥犁。”天启元年，往京募化，欲完此道场。至杭，适时仁师京回，谈及京中多事，缘事遂止。隐元的檗山重兴之志在当时就有了。乃问仁师：“依经解义三世佛冤，离经一字如同魔说，如何消释？”仁云：“三十年后与汝道。”隐元即私忿，便不同回山。飘然遍历名刹，第有一德可称者，亦依同住。《黄檗山寺志》写道：“今日思之，仁师此句大得力矣。当时若依经解说一篇，则被摩捋回山，安有今日之事乎？所谓靠将不如激将。”由此可推想是隐元之笔。天启四年上秦住山，与景西对谈时，偶谈及参天台之事，忽闻密云和尚来应金粟，喜不自胜。买舟同到金粟，参见和尚，问：“初入禅门，未知做工夫。求和尚开示。”密云云：“我这里无工夫可做。要行便行，要坐便坐，要卧便卧。”隐元云：“蚊子多，卧不得时如何？”密云云：“一巴掌。”隐元拜退。致疑不决七昼夜，经行坐卧，至第七日下午，老和尚在匡祖堂前过，隐元抬头一见有省，便拜，云：“某甲会得和尚掌中意。”密云云：“道看。”隐元便喝。密云云：“再道看。”隐元又喝。密云云：“三喝四喝后如何？”隐元云：“今岁盐贵如米。”密云云：“走开！不得碍人路头。”隐元礼拜退。日常自作主宰，活泼泼地亦不请问，亦无疑情。天启六年，五峰为西堂，隐元竖拳云：“识得这个天下太平，识得这个天下争竞，如何决断？”五峰云：“这个从甚么处得来？”隐元便喝。五峰云：“那里学得来？”隐元又喝，五峰便打；隐元再喝，五峰再打；隐元喝两喝，五峰打两打。众谓“老隐今日败阙。”隐元云：“非汝境界。”由是坐不得，卧不得，气喷喷地平目而行，不见有人。至次早课诵，维那鸣磬一声，忽觉身在此立。课毕，仍旧而行。直至第三日上午，忽窗外一阵风吹入，寒毛卓竖，通身白汗，大彻源底。便知情与无情，尽在毫头上了了分明，无二无别，不可举似于人，自证乃知。心中甚喜，逢人即笑。人谓“老隐被魔所著。”隐元云：“非汝所知。”但记得经云：“若作圣证，即入群魔。”遂无喜色，寻常如旧。续知师知隐元所得，谓峰云：“此子彻也。”乃唤进寮，云：“汝有悟处试道看。”隐元曰：“道不难，惟恐警动群众。”五峰云：“但说无妨。”隐元即打觔斗而出。五峰见之云：“真狮子儿，善能哮吼。”后即出堂领火头。一日，密云与众论“敬鬼神而远之”时，隐元进前竖火。又云：“离不得这老贼，近不得这老贼。”正是师徒意合之处。崇祯三年，黄檗山的耆旧请密云至山，同回寺。领命漳南募化，见王居士云请老和尚到山之意，又到潮州，隐元衣衫蓝缕，其主人疑非黄檗，缘事不就。

《黄檗山寺志》自此后空白不录。空白之处大约有该传的三分之一。不知何故。或拟增加其东渡以后之事迹，或为含有谬误。我现藏的《黄檗山寺志》是新版的，阪田金龙氏是于日本大正十四年(1925)前往黄檗山参拜的日本黄檗山(日本黄檗宗)一行中的一员，承蒙他的好意，我得以收藏此《黄檗山寺志》。

其后，至崇祯六年(1633)十月，费隐通容入院时，隐元尽管比之年长一岁，但仍入室精修禅学；第二年即崇祯七年(1634)，四十三岁时，接受印可，得临济宗正得，历三年；崇祯十年(1637)，应黄檗山之请，继主法席。一住七年，大大振兴了一山的法脉，宣扬了一山的宗风。后来离山到诸方应化，经过三年，应陈从义、夏春晖以及其他诸绅士之请，于顺治三年(1646)，再度住持黄檗山，宣扬法门九年，门学众多。此时的第四代住持行弥亘信之书状登载在《黄檗山寺志》卷四、居士之书状三通登载在卷六里。其后，接到日本的第四份邀请书，遂把历任十七年住持的山门让位给慧门，于顺治十一年(1654)踏上东渡之路。到达日本长崎后，立刻被请到兴福寺，第二年进入崇福寺，第三年应妙心寺龙溪的邀请，入摄津的普门寺，居住四年。虽然中国的黄檗山众僧请他回国，但由于龙溪的恳请而留住日本。时值径山的先师费隐派若一送来请求归国的书信。其言甚切，但长崎的僧众当时把此书信藏起。日本万治元年(1658)，前往东京谒见幕府将军德川家纲，游化四方后回到普门寺。万治三年(1660)，接受将军圣旨，看中山城大和山；万治四年(1661)，在此开创黄檗山万福寺，宽文三年开堂。四方各宗高僧云集，盛况空前。后水尾院法皇委托龙溪请隐元提示禅要，隐元以书奉答。在山四年后，退居松隐堂，让木庵继席。后应诸山之请，开示禅要，辅佐木庵，苦心经营一山。日本延宝元年(1673)得病，太上法皇特授隐元"大光普照国师"之称号。起坐述一偈，泊然示寂。寿年八十二。法皇又再赐佛慈广鉴禅师号。东渡后在日本长达二十年之久。

见《黄檗山寺志》隐元传之笔致，可查隐元之夙愿乃重振黄檗山。明天启元年(1621)，隐元三十岁(或二十九岁)在此落发，同年即欲进京化缘完善道场而出山。崇祯三年(1630)，特请密云圆悟至山，同回寺，领命于漳南、潮州募化。足知隐元所存之意。得此人，则黄檗山可得到重振，而且在日本也可见到倍优于彼邦之胜迹。在日本开创的寺院也冠以同一山名寺名，足以表明隐元爱黄檗山之深。当地的松阴堂之名一定也是移到此地。《黄檗山寺志》最后记载着：作为隐祖灵迹，东渡时，隐元贴"免参"二字于船头，故风平浪静。而夜晚船即将靠岸时，渔夫咸见红光铺陈天际。远州(译者注：日本古地名，即现今的静冈县)之信宦奉其手书之观音佛号回禄时，屋宅具烬而独留此笔迹。在大疫流行之际，把其真迹挂在中堂，便会无恙。还记载了日本的国主画了他的像放在宫中供奉之事。《黄檗山寺志》冠与隐元的嘉称只有日本后水尾法皇赐予的谥号。在中国时撰写的著作有《黄檗语录》二卷、《龙泉语录》一卷、《弘法戒仪》二卷、《黄檗山寺志》八卷。在日本的众多著作中，特别重要的是《普照国师广录》三十卷、《黄檗和上扶桑语录》十八卷、《示众语檗》二十卷、《黄檗清规》一卷等。

万福寺

万福寺位于福建省福清县西二十里。因原来有黄檗木而得此名。黄檗山之名早在六朝时代，在文学作品中就能看到，有梁江淹游黄檗山的五言古诗。在隐元的弟子性幽续修的隐元原本《黄檗山寺志》中，是这样记载的。莆田人正干从六祖慧能处学禅得法后回闽，路经黄檗山，便开山结庵，为黄檗的始祖，时年唐贞元五年（789）。但是六祖已于先天二年（713）圆寂，故正干禅师和六祖的关系难以确定。正干建的庵起名为“般若堂”。贞元八年（792），又于堂之东向增辟院落，德宗加号为“建福禅寺”。福唐的希运来此出家，后至江西百丈嗣法，在江西省宛陵的大禅苑加上故乡的黄檗之名后，黄檗便名扬天下。江西的大禅苑是裴休特为希运修建并延请希运开法之寺院，希运将黄檗之名加于它大概是因为深爱其剃度的本山吧。唐宣宗有和黄檗希运禅师观瀑布的联句传世，大概是在江西黄檗山中的吧。联句如下：

千岩万壑不辞劳，远看方知出处高。（希运）

溪涧岂能留得住，终归大海作波涛。（宣宗）

其后于唐末五代时之变迁不详。要而言之，其盛于宋而微于元，至明又兴。洪武二十三年（1390），莆阳心鉴周公为檀越、大休禅师为寺主时，营造法堂与大雄宝殿，形制齐整。嘉靖乙卯（三十四年，1555），遇倭寇，灰焚殆尽，僧徒星散，又成榛莽之区。隆庆初，僧中天正圆公志图恢复。万历辛丑（二十九年，1601），毅然赴阙，请赐《龙藏》。居八年，未完成其大志，以疾卒于京城。其徒孙兴寿、兴慈恳请愈坚。越六年，相国叶文忠公力代奏请，赐额曰“万福禅寺”。万历四十二年（1614），神宗皇帝敕赐全藏，计六百七十八函，敕书一通，帑金三百两。由此得以重兴。其后经过密云、费隐、隐元三代人的努力，临济宗风大振。隐元东渡日本开创黄檗宗，最后圆寂于日本，其弟子携带其齿发归国，在寺旁建松隐堂，在里面建齿发塔。昭和三年（1928）夏，遭山洪之劫，除了法堂外，天王殿、大雄宝殿都被冲毁，后在寺西的旧址上重建大雄宝殿和法堂，现接近完工。

黄檗山在明末时，其名声已传遍四海，是因为圆悟密云、费隐通容、隐元隆琦三代相继在此开法。但是密云在此住持是崇祯三年（1630）三月至八月，仅仅半年而已。费隐于崇祯六年（1633）十月入山，开堂三载，但和隐元在山十七年是无法相比的。可以说近代的黄檗山是从隐元开始进入昌盛时期的。山内现在除了松隐堂之外，还有隐元堂，安放着小像，且山内有铜钟、云板，上有“隐元造”铭记。《黄檗山寺志》是隐元亲手写的，后曾被续修。可以说整个寺院今日仍然还在缅怀隐元的道德。大师在顺治

萬福寺伽藍配置圖

万福寺伽蓝配置图

十一年(1654)应日本的邀请率诸大弟子东渡，在禅道和文艺方面，给予日本很大的影响。于山城大和山创立黄檗山万福寺，其形制倍于本国万福寺，甚为伟观。后来很多高僧继其之后来到日本，在日本文化史上，黄檗山的名字是不能忘记的。(常盘大定 文)

万福寺的现状(1929年1月18日)如何呢？山内原来有大雄宝殿、天王殿、法堂、禅堂、藏阁、钟鼓楼、刷印楼等，但在日本昭和三年(1928)，山洪暴发，冲毁了大雄宝殿、天王殿等，明代的建筑仅留法堂。最值得一看。(图107、图108)据《黄檗山寺志》记载，法堂计五间，高三丈有六，广八丈，深七丈。万历乙卯岁(四十三年，1615)，僧兴寿等建为大雄宝殿，到了崇祯年间(1628—1644)，复改为法堂。

重檐歇山顶式，坡度甚缓，给人轻快之感。层间有斗拱，从内部观之，其设于横木和房顶之间。几乎全部使用木材，仅四壁用砖，盖因中国南方木材丰富、木材加工手法颇为熟练之故。(图109-1、图110)在内部石筑的台基上随意安放着五六躯佛菩萨像，中央石地板上整齐摆放十二躯宝冠形坐佛，大概是原来放在大殿中的十二圆觉吧。还有五六躯菩萨像，大概原来也是放在大殿中的吧。(图109-2)

与旧法堂并排，左侧有客堂。其左方尽头处是隐元祖堂，龛内安放着隐元禅师的小像。该像不足观，但应该据此可推测出隐元在黄檗山之位置属开山高祖。上面挂着题为"如来后身"的匾额。匾上题有"同治丁卯年仲秋吉旦，广西巡抚使者郭栢荫为敕赐万福禅寺隐元(隆)琦和上题"。同治丁卯六年(1867)相当于隐元入寂的康熙十二年(1637)大约二百年后。(图111)

图107・黄檗山・万福寺・法堂・远景

图 108・黄檗山・万福寺・法堂及大雄宝殿址

图 109-1・黄檗山・万福寺・法堂

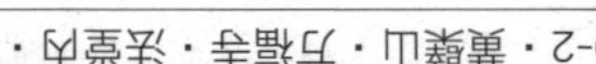

图 109-2・黄檗山・万福寺・法堂内・诸尊像

图 110-1・黄檗山・万福寺・法堂・细部

图 110-2・黄檗山・万福寺・法堂・细部

如來後身
丁卯年仲秋吉旦

图 111・黄檗山・万福寺・隐元堂・隐元禅师龛

隐元造梵钟、云板（图112）

在黄檗山万福寺，有隐元隆琦于崇祯庚辰（十三年，1640）改造的梵钟以及崇祯辛巳（十四年，1641）造的云板。梵钟上除了记载在《敕修百丈清规》第八条钟的条目下的鸣钟行者想念偈外，还记着愿文、真言以及梵钟的来历。其铭文如下：

愿此钟声超法界，铁围幽暗悉皆闻，闻尘清静证圆通，一切众生成正觉。闻钟声。烦恼轻，智慧长，菩提生，离地狱，出火坑，愿成佛、度众生。唵伽罗帝耶莎婆诃。都率稳山(?)。黄檗山万福禅寺。元至正三十八年癸未季冬之吉，住山鲁山才俊，造钟一口，重三百六十斤。皇明万历二十八年庚子春三月望日，赐紫中天圆公□□孙兴慈□江村兴亢，檀越林宗丙，改造。重三百斤，万历甲寅年（四十二年）敕赐藏经，改万福禅寺。崇祯庚辰年（十三年）仲冬长□六日。临济正传三十二代主席隐元（隆）琦，命工改造，重四百斤，永镇法堂。（图113）

前四句为想念偈。次三字八句似为隐元所加。其意义如《百丈清规》所言："晓击则破长夜，警睡眠；暮击则觉昏衢，疏冥昧。"又与所引《增一阿含经》中所言："打钟时，一切恶道诸苦并得止息"之意相当。"成佛"前一字漫漶难读。后面的咒语大概是关于地藏菩萨的吧。在《百丈清规》里，打钟时称观世音菩萨的名号，随号叩击，其利甚大。后面记的是造钟缘由。元至正十八年（1358），造重三百六十斤的钟的住山鲁山才俊是什么人呢？《黄檗山寺志》中没有记载。隐元大概是根据钟铭来记的吧。后面的赐紫中天圆公指的是《黄檗山寺志》中记载的明第一代重兴开山赐紫正圆中天祖师，其塔在四潭之上，在开头的山图中也有明确的记载。兴慈是中天的徒孙，与道友兴寿一起恳请朝廷，于是得《龙藏》下赐，完成了中天圆公的遗志。兴慈等人还改造了重三百斤的钟，但此事在《黄檗山寺志》中没有记载。隐元同样是根据钟铭而知的吧。其后还记载着万历四十二年（1614）有敕赐藏经，因此改称万福禅寺。这个敕赐对于万福寺的复兴来说，关系重大，故在此记述。接着记录了隐元隆琦于崇祯十三年（1640）改造重四百斤的现在这口钟之事。在《黄檗山寺志》卷二中，有关于此事的记载。钟鼓楼在藏经阁右。内悬铜钟一口，重千斤。庚辰仲冬铸，系监寺募请而得。请师说偈云："黄檗铸铜钟，虚悬释梵宫。千觔乐信施，万古醒迷蒙。器大奚秋晚；韵高谁与同？婆娑真教体，尽在此声中。"所谓千斤是形容之言。根据钟铭可知是四百斤。由于去年的水灾，钟鼓楼被毁，此钟现安放在法堂右前廊的一角。

云板靠近钟，悬于梁木上。其铭文如下：

明敕赐黄檗山万福禅寺。崇祯辛巳年（十四年）孟夏吉旦造。临济正传三十二代主席隐元琦立。本山维那隆鉴，

喜舍云板一完，折荐考龙泉林公妣严氏共证净邦。

如铭文所见，因隐元发愿与维那隆鉴喜舍，隆鉴以此祈愿考妣往生净土。（图 114-1）

还有一座梵钟在去年遭毁的大雄宝殿里。是光绪元年铸造的，在上角部横铸着黄檗山万福禅寺六字。其钟体上铸刻着捐赠者的姓名。如钦加布政司衔信官叶文纲、信官协台李元忠、松隐堂比丘万豪、西来寺比丘东泉之类的名字也在捐资者中，还看到鼓山主持僧奇量，捐钱五千文的字样。奇量和尚的墓塔在鼓山别峰。（图 114-2）

图 112-1 · 黄檗山 · 万福寺 · 法堂前廊 · 隐元造梵钟

图 112-2 · 黄檗山 · 万福寺 · 法堂前廊 · 隐元造云板

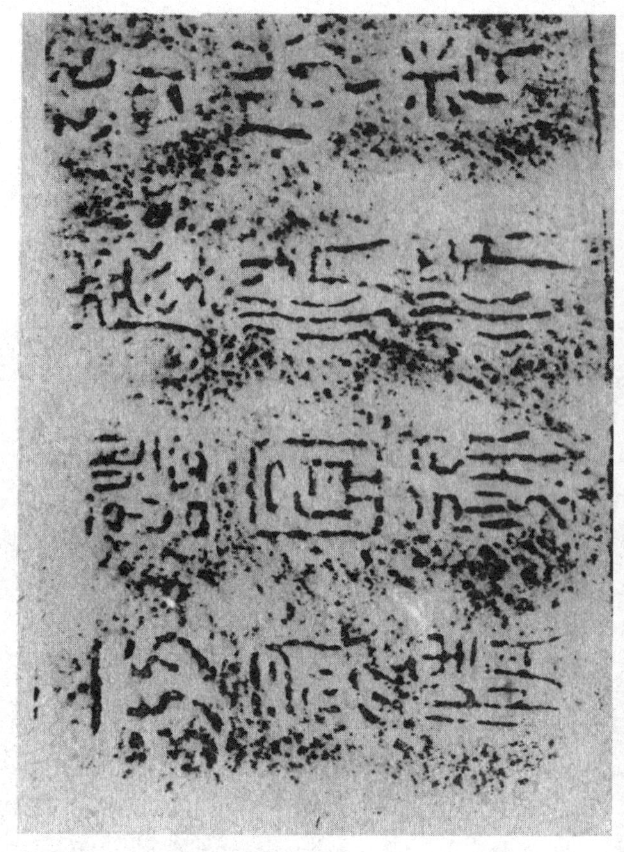

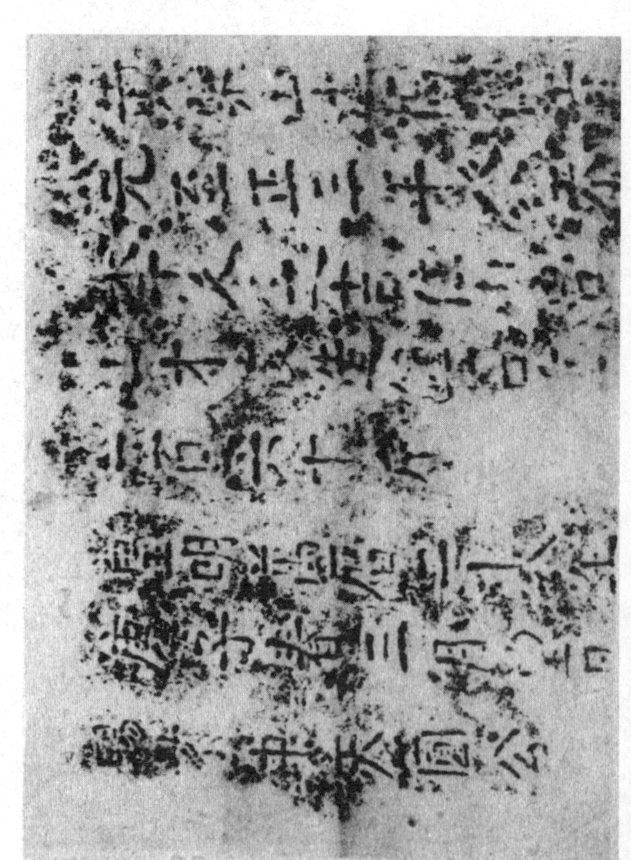

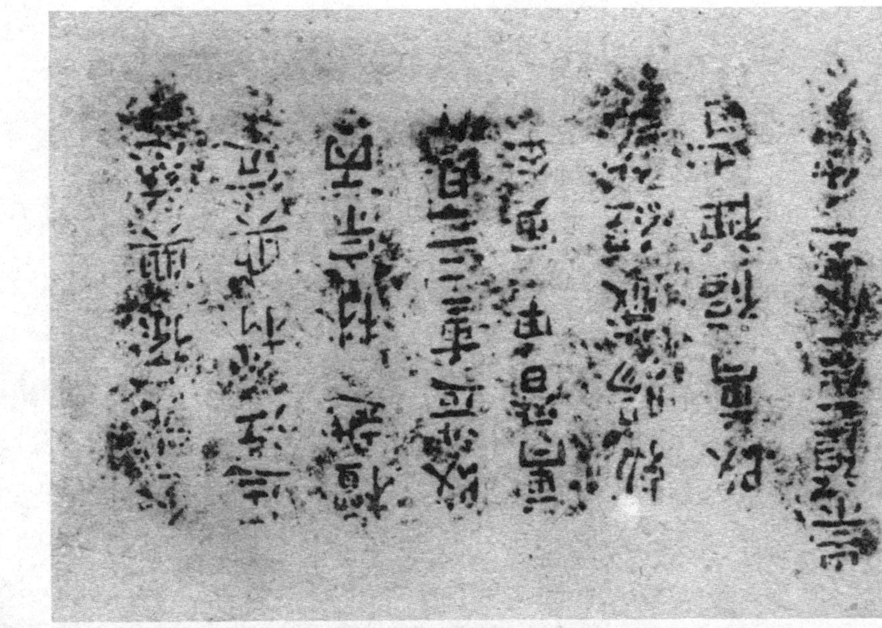

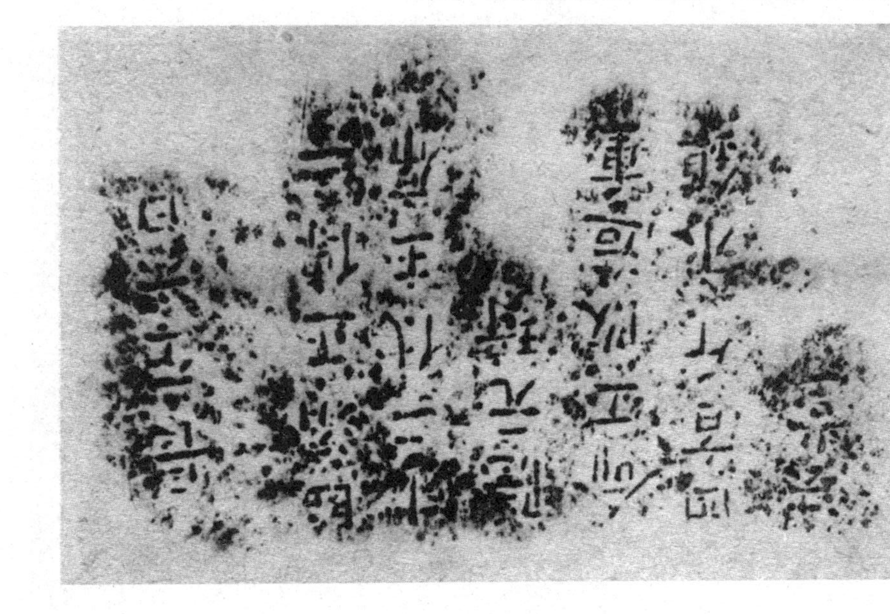

图 113・黄檗山・万福寺・隐元造梵钟铭记・拓本

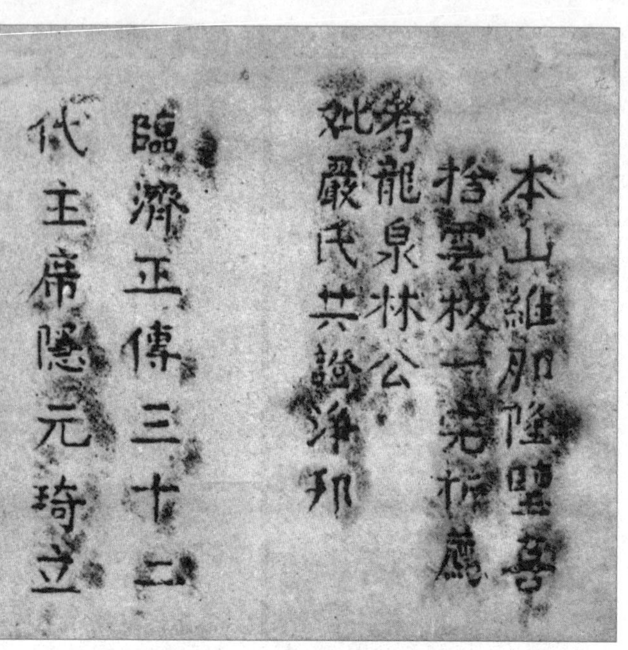

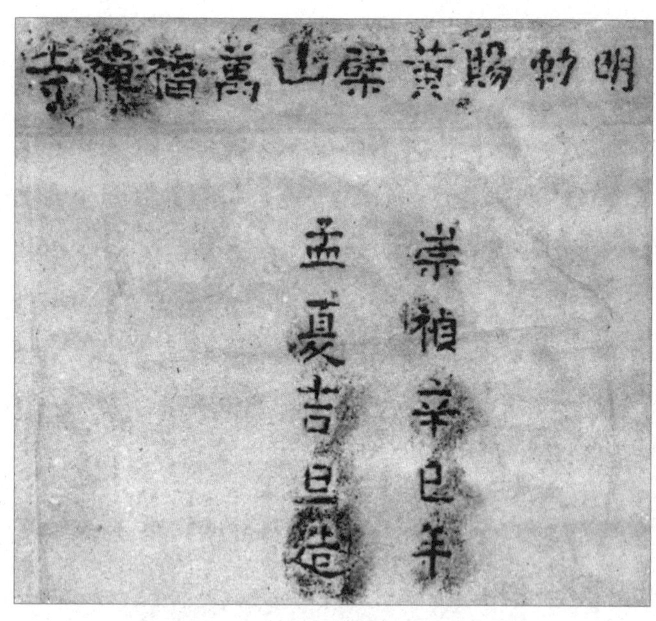

图 114-1・黄檗山・万福寺・隐元造云板铭文拓本

图 114-2・黄檗山・万福寺・被山洪冲至大雄宝殿址之梵钟

万福寺重建

民国十七年（1927）七月，遇山洪暴发，大雄宝殿、天王殿、钟楼、鼓楼等均被冲毁。在如此深山这样的事是很罕见的。据监院如莲的叙说，万历年间（1573—1620）重建时规划将寺东移到现在的法堂的位置，从那以后灾害就很多。故计划在东移之前的明初重建之地重建。在从现在的法堂往西隔数百步之地，重建大殿、法堂、客堂，现在正在大兴土木。(图115)据说为了募缘，住持启耀和尚在越南堤郡，同样是住持的学真和尚在福州马江等待重建资金的送达。

图 115 · 黄檗山 · 万福寺 · 新建大雄宝殿远景

新建大雄宝殿

挂着祝圣道场的匾额。重檐歇山顶，三跳斗拱，扇形椽子结构。内部的塑像现在正在制作中。（图116）

新法堂

大殿背后，削平陡坡，仅得此地，令观者抱有畏惧之感。（图117-1）

图117-1·黄檗山·万福寺·新建法堂

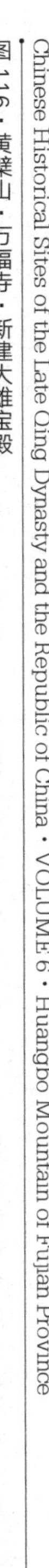

图 116・黄檗山・万福寺・新建大雄宝殿

松隐堂

康熙年间，隐元禅师的弟子良规开创，作为其恩师隐元老人的舍利齿发的塔院，并祀奉真像。“春霜秋露，虔申追远之忱；夕梵晨灯，用达酬恩之悃。”由此可知隐元是如何被全寺爱戴的大师。到了嘉庆乙丑岁（十年，1805），继宗和尚、监寺永悦师鼎建西偏殿数间，即现今的建筑。其位置据《山志》记载，“在荔湾墩北纪游亭东去半里许。”人称该地区为“窣堵之名蓝，福唐之胜概也”。《山志》里有“涧壑环萦，列岳云开，屏障画图，缭绕前岗。日映香炉，烟篆氤氲，花雨盈庭，山色香凝。霞磴松风，隔陇涛声。”这样美丽的句子，颂扬其风景之美。

松隐堂另为一廓，其拜殿现为福清第三十四区私立藜阳初级小学的校舍，但隐元的齿发塔和塔院依旧森然存在。由此可见虽然隐元生前没能回到自己的祖国，但其死后仍永远感召着中国。窃以为隐元禅师在日本将黄檗山之法席让于弟子木庵后，亦将其退隐时之松隐堂名称传至中国。若此，则可谓黄檗山万福寺之名由他传来日本，而松隐堂之名又由此传回中国。

松隐堂被回廊和围墙围绕，规模虽然不大，但作为沙门的墓庙，却是无可比拟的设施，俨然一座寺院。（图 117-2）

覆盖隐元的齿发塔的堂宇上立着松隐堂的牌子，在前院有拜殿。被用作村里小学校舍的是这个拜殿，没有给松隐堂带来任何麻烦。（图 118）

齿发塔为石造舍利塔，带有五轮塔之意味，变方形为六角，变水大圆形为香盒状，使之达至最大状态，以作塔身，分上下两半，合二为一，在上下两半相合之处有小缝隙。隐元的齿发就收藏在这里面。此石塔不加任何修饰，也没有任何雕琢。但具有潇洒的情趣，符合禅师的遗塔。石塔虽然潇洒，但覆盖它的却是雕饰丰富的龛阁。（图 120）

龛阁是四柱方形，自贯木至檐端，布满三段式梁托的柱间三叶拱。此柱间三叶拱常见于福州近世建筑，亦可见藻井内密布此斗拱之景况。阁的前后两面皆有三扇门，左右两扇不能动，仅中间那扇左右对开，可自由开闭。该门中间镂空，即便关上，也可见其内部。阁的前面安放着蓄着须髯的隐元的小像，其头上可以看到石塔的顶、珠。（图 119-1）阁的后面可以看到石塔全部，左右两扇门的上半部分有巧妙地透珑镂刻的雕花，透过它们可以看到内部。（图 119-2）

黄檗山三塔

据《黄檗山寺志》记载：位于下棋垅桑池园雪堂塔左。藤庵晖、蒙庵达、坦翁参、妙湛诸禅师的塔，年久废坏。康熙间（1662—1722）重修，四舍利合瘗。中圹为历代尊宿塔，左圹为诸方耆德，右圹为本山勤旧，皆垒石成之。据寺僧所言，中塔合祀着开山正干、希运、密云、费隐，碑现已流失不存在了。如果那样的话，就可知道光四年（1824）重修、民国十一年（1921）重刊的《黄檗山寺志》的冠头图里的费和尚寿塔、中天祖塔，现已不存在了。在现在的黄檗山，作为松隐堂以外的祖塔，只有三塔了。

从山门到松隐堂的山径旁，在三塔的附近有一座墓。从其样式来看，大约是檀越吧。是中国南方坟墓样式的一个代表。（常盘大定 文）

图 117-2・黄檗山・万福寺・松隐堂・外部

图 119-1・黄檗山・万福寺・松隐堂・隐元齿发塔前面・隐元禅师像

图 119-2・黄檗山・万福寺・松隐堂・隐元齿发塔

图 118・黄檗山・万福寺・松隐堂

图 120・黄檗山・万福寺・松隐堂・隐元禅师齿发塔

福建厦门

南普陀寺

天王殿正面悬挂着“南普陀”之榜，殿内的布置大致和一般寺院一样，中央安放着弥勒像，题“龙华三会”，两侧有喇嘛式四天王。大雄殿悬挂“妙相庄严”之榜，左右通道有十八罗汉。后面有石阶，石阶上面原来有一个八角堂，已被烧毁，现在没有了。

其后方有一个题为“南普陀佛祖”的殿堂。殿内以释迦如来为中心，迦叶和阿难侠侍左右，前有观音，右边安放着达摩祖师，左边安放着伽蓝菩萨。达摩的衣裳宛如西装。

南普陀寺（图121）属于新建建筑，以天王殿和大雄殿为中心，右边有两层的阁楼，左边有洋式客殿，背后奇峰维石岩岩，前面一片茫茫平原。其褐伟的气质吸引着参拜者的瞩目。天王殿是重檐歇山顶，左右脊檩的尾部以适当的倾斜度向上弯曲，没有使用繁缛的斗拱，让人颇感受到现代建筑的轻快美。大雄殿也是重檐歇山顶，下层屋顶勾配甚缓，和天王殿相比，显得有点儿沉重，但风光明净，让人有一种脱俗的感觉。这是现代中国寺院的代表性建筑。

门外有放生池，四周围着石栏。石栏上刻着字，正面是南无阿弥陀佛，右边是南无离怖畏如来，左边是南无多宝如来，前面是南无广博如来和南无妙色身如来。

寺内有乾隆帝的御书碑。南普陀寺的住持是太虚法师，门上悬有“闽南佛学院”之榜。佛学院附属于南普陀寺，由大醒法师监管。（常盘大定 文）

图 121-1 · 南普陀寺

图 121-2 · 南普陀寺

图 121-3·南普陀寺

图 121-4・南普陀寺

译后记

2008年7月，受此套丛书主编张明杰先生的邀请，我开始了《中国文化史迹》的翻译工作。当收到他发来的第六卷的文稿时，我特别欣喜，因为第六卷中有一半的内容在描写家乡福州的名刹古寺。但看到那些近百年前的图片和文字描述后，我又深感遗憾，因为一些图片里的建筑现在已经完全消失了。

我了解到该书作者之一关野贞是日本建筑史学者，他毕生致力于文化遗产，特别是古寺庙的研究和保护工作。关野贞于1906—1918年间曾先后三次来到中国，考察山西、河南、山东和江浙等地的古建筑、陵墓和佛教艺术。而另一作者常盘大定则为佛教研究者、净土真宗大谷派僧人。常盘大定于1917—1929年间曾先后五次到访中国，足迹踏遍大半中国，特别关注与佛教、道教、儒教相关的宗教史迹。

本卷内容是对当时的浙江天台山和福建福州的文化史迹的描述，作者对所到之处进行了多方位的拍照并做了较为详细的文字记录。在翻译过程中，我遇到几个难题：一是该书主要是对中国南方古刹名寺的考察，内容涉及古寺庙的宗教艺术、建筑风格、寺庙住持生平等，有大量相关专业的术语；二是该书出版时间早，系近百年前的作品，作者使用的日语是半古半白的近代日语，与现代日语差距较大；三是该书作者参考了大量的中华古籍，并以自己的解读方式把引用的古籍内容翻译成日语，有些地方更是作者的自述文字与引用的文字混杂在一起。为了解决以上问题，我在翻译过程中，查阅了大量古籍资料：关于“浙江天台山”，参考了《中国佛教——天台山》（中华五千年网）、《天台山国清寺建筑概说》（佛教导航网）、《国清百录》（中国佛学网）、《佛祖统纪》（古代文献在线阅读——凡人大传殆知阁）等；关于“福建福州”“福建雪峰”“福建鼓山”“福建黄檗山”“附件厦门”，查阅了《福州府志》（福建省情资料库网）、《福建通志》（文学100网）、《景德传灯录》（南普陀在线）、《宋高僧传》（360doc个人图书馆）、《无异元来禅师广录》（中国佛教网）、《永觉元贤禅师广录》（南普陀在线）、《还山录》（中国佛教网）、《鼓山志》（福建省情资料库网）、《黄檗山寺志》（360doc个人图书馆）、《福建现存最古的石碑——无垢净光塔铭碑》（佛教导航网）等。为了确保翻译的准确性，还查阅了一些宗教建筑方面的资料。在查阅古籍资料时，发现了原作者在解读这些古籍资料时，或许是由于个人的主观判断，随意地对古籍原文进行删减，导致有些地方出现了误读误解的现象。但是我还是本着忠实于原著的精神进行翻译，并通过注释的方式进行说明。作者所引用的中华古籍的原文部分，基本都没有标点符号，我将其还原为古籍原文时加进了标点。有些地方文字上有些许不同，也尽量与原著保持一致。对于一些日语的建筑用语，我采用直译和注释相结合的方法。

翻译此书，绝非易事。从动手翻译至初稿形成，历经 10 个月之久。初稿完成后，华侨大学外国语学院日语系黄文溥教授、原福建师范大学外国语学院日语系胡稹教授对译稿进行过评阅修改；在二稿环节，福建师范大学文学院刘曙初副教授对汉语译文进行了文字上的修改。在此特向以上各位老师表示谢意！中国画报出版社对本书的出版提出了诸多宝贵的意见，在此表示感谢！由于译者水平有限，虽尽全力翻译此书，但由于涉及专业知识广泛，译著可能还存在着很多问题，恳请各位读者批评指正！

洪晨晖